KB242198

나는 힘든 청춘들에게 힘이 되고 싶다

4년이 아닌
40년을 봐야 한다!

나는 힘든 청춘들에게 힘이 되고 싶다

| 신영일 지음 |

전공만으로는 부족하다, 무기를 갖추어라
학점관리만으로는 안 된다, 스토리를 갖추어라

생각나눔

대학교라는 숲 속에서 낙오하지 않으려면

대학을 숲이라고 생각해보자. 길을 잘 찾아가야 한다. 하지만 숲 속에는 가시덩굴도 있고 좁은 길도 있으며 우거진 나무들 때문에 시야가 잘 보이지 않는다. 무엇보다 방향을 알려주는 팻말을 보고 잘 나아가야 한다.

나는 이미 대학을 다녀보았고 졸업했다. 그리고 이미 30대를 넘었다. 직장이었던 국책연구소에서 일도 해보았다. 사회를 겪은 셈이다. 그래서 대학생들에게 내가 했던 고민과 걱정을 되돌아보고 오늘날 더 힘들어진 현실에 처해 살아가는 대학생들에 대한 염려와 애정으로 이 글을 쓴다.

나 역시도 대학이라는 숲에서 헤맸었다. 그래서 다시 대학교 시절로 간다면 누군가 그때 내게 와서 좋은 방향지시 팻말 한두 개쯤 제시해주었으면 아마도 삶이 달라지지 않았을까 하는 아쉬움이 남는다. 그렇다고 대학 때가 좋지 않았던 것만은 아니다. 단지 좋은 방향지시 팻말을 보았더라면 더 좋았을 텐데 하는 마음에서 하는 말이다. 그러면 인생이 달라졌을 수 있기 때문이다.

그렇게 되어서는 안 되겠지만 대학에서도 낙오할 수 있다. 숲 속에서 길을 잃는 것이다. 길을 잃으면 헤매게 되고 빨리 길을 찾지 못하면 배고픔과 함께 추위를 만나게 된다. 날이라도 저물어서 밤이 되면 무서움 속에서 시간을 보내야 한다. 나는 낙오하는 대학생들을 보았다. 한국 사회의 현실에서 대학교 졸업 후에 취직할 때 지원 조건으로 대부분 B 학점 이상을 요구한다. 이때 지원할 수 있는 B 학점도 만들지 못했다면 어느 정도 낙오의 길에 들어섰다고 할 수 있다. 물론 다른 길을 찾으면 된다. 하지만 쉽지 않다.

놀 때 놀더라도, 대학교에 입학하고 뜨거운 고등학교 입시 경쟁에서 벗어났다는 기분을 내며 신입생의 즐거운 때를 즐기더라도, 4년 후에 사회가 요구하는 지원 조건이 B 학점 이상이라는 지시 팻말을 알고 있다면, 그렇게 위험하지 않을 수 있다. B 학점도 만들지 못한 사람이 만약에 이 사실을 대학교 때 미리 안다면 A 학점을 만들려고 노력하지 않을까? 이런 것이 바로 방향지시 팻말에 해당한다.

나는 대학생들에게, 대학교에 갓 입학한 대학생과 졸업하게 된 학생 모두에게 살면서 보고 생각해보아야 할 좋은 팻말들을 꽂아서 세워두고 싶다.

생각해보라. 만약에 대학생 때 4년 동안을 게을리 산다면 어떻게 되겠는가? 위태로워질 것이다. 경쟁에도 뒤처질 것이다. 그리고 취업에서도 멀어질 것이다. 그렇게 되면 이후의 10년, 이후의 40년을 훨씬 힘들게 살 수도 있는 일이다.

현명한 사람이라면 놀 때 놀면서도 공부도 할 것이며 오늘을 보면서도 내일을 준비하려고 할 것이다. 그렇다고 무작정 달리면 빨리 지친다. 폭발적인 스피드를 내뿜으며 트랙을 질주하는 스프린터는 고작 10여 초 정도 동안 멋있지만 100미터를 다 달리자마자 경기장 바닥에 털썩 주저앉아 숨을 가쁘게 내쉰다.

대학교 때도 열심히 달리고 이후 사회 속에서도 잘 달리려면 기본적으로 대학교 시기에 대해서도 잘 알아야 하고 사회가 요구하는 것도 잘 알아야 한다. 그렇지 못하면 얼마 달리지 못하고 주저앉을 것이다. 나는 대학교 때 팻말에 해당하는 좋은 방향에 대한 사항들을, 대학생들이 처한 현실에 대해서, 사회가 요구하는 것들에 대해서 미리 잘 알지 못했기 때문에 방향을 설정하는데 오랜 시간이 걸렸다.

아쉽지만 대학교라는 곳은 입학을 앞둔 학생들의 기대와 다르게 그렇게 여유로운 곳이 아니다. 2000년대에 접어들면서 이후 10년이 넘는 기간 동안 대기업 위주의 산업사회로 재편되면서 동시에 저성장 시대로 진입하며 일자리는 줄어들고, 그래서 취직하기는 더 어려워지고 경쟁은 그야말로 치열해졌다. 누구라고 뾰족한 해답을 제시하기 어려운 현실이지만, 그래서 더욱 방향지시 팻말이 필요하다.

한 걸음 한 걸음 대학교라는 숲 속을 걸을 수밖에 없는 대학생들에게 내가 적어둔 팻말이 그대들 삶에 유용한 이정표가 되기를 기대한다.

PART 2 대학 4년이 아닌 40년을 봐야 한다

PART 1

대학생은
스프린터가
아니다

01

신입생 때는
여유롭게
놀아라

대학교 4년이라는 시간 중에서 언제가 가장 좋았느냐고 묻는다면 사람들은 어떻게 대답할까? 취업을 준비하기에 바쁜 3학년과 4학년은 아닐 것이다. 아마도 시간이 많고 여유로운 1학년, 신입생 때가 아닐까 싶다.

마음 편하게 놀 수 있는 최고의 시간은 아무래도 1학년 때뿐인 듯하다. 그래서 신입생은 여유롭게 놀 필요가 있다. 그렇다고 공부하지 말고 놀러 다니라는 말은 아니다. 시간이 많으므로 학교

이곳저곳을 다녀보고 많은 사람도 만날 수 있는 시기이므로 신입생 때는 책을 많이 가지고 다니기보다는 가볍게 놀 수 있는 여유가 있으면 좋겠다.

가끔 강의를 빼먹고 놀러 다니는 것도 재미있을 법한 일이다. 실제로 그렇게 해보면 그렇지 않은 시간보다 더 좋은 스릴이 있다. 하지만 강의에 들어가지 않은 수업 분량은 따로 공부하거나 다른 친구의 노트를 빌려봐야 하는 번거로움이 따른다.

공부에 집중하지 않아도 되는 시간, 그때가 신입생 때다. 만약에 고등학교를 마치고 공부를 더 잘하겠다는 일념으로 대학교에 진학한 학생이 있다면 그래서 공부에 열을 올리려는 학생이 있다면 편하게 놀아보라고 말해주고 싶다. 어느 정도의 공부하는 리듬은 유지하면서 말이다. 왜냐하면, 대학교 4년뿐 아니라 이후에 만나게 될 긴 인생의 시간을 통틀어서도 그때만큼 자유를 숨 쉬며 놀 수 있는 시간은 찾아오지 않을 것이기 때문이다.

다른 한 편으로 고등학교 때 너무 공부에 치여서 대학교에 진학하자마자 놀 계획만 가지고 있는 학생이라면 시간을 너무 노는 데만 허비하지 말아야 한다. 신입생 때 너무 학과 친구들과 어울려서 놀러 다니는 데 젖어들면 자칫 대학교 생활 전반의 흐름이 노는 쪽으로 기울어질 수도 있고 이후에 공부하는 데 타격을 입을 수도 있다.

신입생 때는 여러 가지 행사와 축제를 경험하게 될 것이다. 보는 것만으로도 즐거운 일이다. 직접 참여해서 준비하게 된다면 더욱 신 날 것이다. 이때 빠질 수 없는 것이 술인데 술은 잘 마셔야 한다. 나는 실제로 1학년 때 같은 학과 출신의 고등학교 선배들이 마련한 신입생 환영회 자리에 간 적이 있었다. 한 친구가 선배들이 준 비빔밥을 담는 큰 그릇에 꽉 채운 막걸리를 몇 사발 들이켰는데, 감당하지 못하고 조금 후에 그 자리에서 넘어져 기절한 모습을 보기도 했다. 잘 마신다는 뜻은 많이 마신다는 것을 의미하지 않는다. 잘 조절해야 한다는 의미다. 자신이 감당할 수 있는 만큼 마시는 것이 중요하고 조금 덜 마시는 것이 좋다.

술자리에서 술을 못 마신다고 빼게 되면 인간관계를 맺기가 어렵다. 대학교에서 술은 낭만을 의미하지 않을까? 또한 자유를 의미하지 않을까? 아마도 그럴 것이다. 대학교에서는 술을 마셔도 누가 뭐라 하지 않는다. 몰래 마실 필요가 없다. 하지만 술에 지지 않는 사람이 되라고 말하고 싶다. 술을 이기지 못할 만큼 많이 마셔서 다음 날 배가 쓰리고 아프다면은 술을 자제해야 한다. 술에 지고서는 대학교 때에도 이후에도 잘 살기 어렵다. 그리고 술을 마시지 못해도 한두 잔 정도는 같이 할 줄 아는 센스가 있으면 충분하다.

요즘 같은 현실에서 신입생 때는 여유롭게 놀 필요가 있다고 하면 들으려고 할까? 고등학교 때의 입시 경쟁은 대학교에 진학하면 취업 경쟁이 이를 대체한다. 누구라도 겪어야 하는 일이다. 그래서 신입생 때부터 대학교 생활의 중심을 공부에 두는 사람도 있을 것이다. 하지만 생각해보라.

대학생은 스프린터가 아니다. 하지만 오늘날 현실은 경쟁과 스펙이라는 흐름 속으로 대학생들을 몰아붙이고 있다. 단거리 트랙을 질주하는 스프린터는 단시간에 전력을 다해야 한다. 숨을 쉬지 않고 폭발적인 힘을 발산하며 질주하지만, 결승선을 통과하고 나면 곧 지치고 숨을 헐떡이고 만다. 그렇다. 스프린터들은 오래 달리지 못한다. 전력을 다하며 오래 달리기란 어려운 일이다.

공부에 매여서 산 고등학교 3년과 취업을 의식하고 공부해야 하는 대학교 2학년 때부터 4학년까지 3년을 놓고 보면 그 사이에 걸쳐 있는 대학교 1학년 시기는 집중이 아닌 여유를 찾아야 할 시기다. 대학교 신입생 때 적절하게 잘 논다면 이는 오히려 대학교 4년 중에서 후반기를 공부에 매진하며 잘 보내도록 작용할 수도 있기 때문이다.

이번에는 스프린터가 아닌 마라토너들을 떠올려보자. 질문이 한 가지 있다. 마라톤 경기에서 가장 빨리 달리는 사람은 누구인가? 바로 떠오르지 않는다면 마라톤 생중계 경기를 한 번이라도 집중해서 본 사람이라고 하기는 어렵다. 우승자라고 답한다면 틀렸다고 말하기는 어렵겠지만 엄밀하게 따지면 틀렸다. 우승자들은 그렇게 빨리 달리지 않는다. 초반부터 그렇게 치고 나오지 않는다는 말이다.

마라톤 경기에서 초반부터 치고 나오는 사람이 있다. 바로 페이스 메이커다. 그들은 선수 그룹보다 앞서서 달리지만 오래 달리지 못하고 이탈하게 된다. 마라톤의 42.195킬로미터라는 긴 거리를 빠른 속도로 달리기는 어렵기 때문이다. 그래서 초반부터 어느 정도 시점까지만 속도를 내서 달리면서 선수 그룹의 속도를 조율해주고 물러난다. 빨리 달린 만큼 페이스 메이커는 일찍 지칠 수밖에 없다.

그대가 만약 신입생이라면 4년의 대학교 레이스 동안에 빨리 달리고 일찍 지치는 페이스 메이커가 되지 말아야 한다. 만일 당신의 자녀가 대학교 신입생 때마저 공부에 빠져서 산다면, 아주 소중하고 중요한 신입생의 자유로운 시기를 놓쳐버릴 수도 있으니 여유롭게 놀 수 있는 마음을 가지도록 해주는 것이 좋다.

잘 달리는 마라토너는 초반에 오히려 힘을 아낀다. 그리고 그렇게 힘을 아껴야 후반부에 잘 달리며 우승도 노릴 수 있다. 대학교 레이스에서 스프린터나 페이스 메이커가 되지 말아야 한다. 빨리 달리는 사람은 그만큼 일찍 지친다. 빨리 달리는 것보다 중요한 것이 방향을 잘 찾아서 달리는 일이고, 방향을 잘 찾는 일보다 중요한 게 바로 자신이 목적하는 대로 인생에서 바라는 대로, 제대로 달리는 일이다. 제대로 달리기만 한다면 어느 정도 늦게 달리는 것은 문제가 되지 않기 때문이다.

02

학점관리만으로는
안 된다,
스토리를 갖추어라

대학생들 사이에 스펙 쌓기 열풍이 거세다. 아마도 치열해진 취업 경쟁 탓일 것이다. 10년 전만 해도 그렇지 않았다. 여유가 있었다. 경쟁 자체가 나쁘다고 말하기 어렵겠지만 알고 보면 경쟁은 사람들을 적지 않게 지치게 한다. 휴식 자체를 어렵게 만든다. 그럼 어떻게 하면 좋을까? 남들과 같이, 남들 하는 것만큼은 해야 하지 않을까? 이런 조바심이 나지 않을 수 없다. 하지만 조바심내기보다 편안한 마음을 가지면서 남들 쫓아가는 데 급급하지 말라고 당부하고 싶다. 그렇게 치열하게 하지 않아도 잘해낼 수 있기 때문이다.

스펙 쌓기의 기본은 학점관리에 있다. 학벌은 대학교에 입학하는 순간 이미 정해진다. 하지만 학점관리만 하면서 대학교 4년을 보내면 너무 억울하지 않을까? 그렇게 하다 보면 어느새 학점이 자신을 관리하며 지배하게 될 것이다. A+ 학점에서 조금 모자라는 Ao 학점을 받아도 만족할 줄 모르는 것이다. 어떤 학생은 A-만 받아도 기뻐하는데 말이다. 물론 이는 상대적일 수 있고 또한 목표하는 바에 따라 다르기는 하다.

단도직입적으로 말하겠다. B나 C 또는 D 이하까지도 그렇게 채워진 성적표도 보기에 나쁘지만 A+로만 채워진 학점도 그렇게 좋아 보이지는 않는다. 그대가 대학교 4년을 지나서 취업해야 하는 현실을 마주할 때 아마도 다음과 같은 질문을 받을 수도 있다. 그대는 공부만 하고 다른 것에는 관심도 두지 않았느냐고 하는 칭찬성 질책이다. 내가 국책연구소에서 일하다가 이직하려고 다른 회사에 가서 면접시험을 볼 때 면접관이 같은 시험장에 있던 다른 응시자에게 했던 질문이다.

기회비용이라는 말을 아는가? 들어보았을 것이다. 한 가지를 선택하면 그것에 시간을 쓰는 동안 다른 것은 하지 못함으로 인해서 발생하는 손실을 말한다. 그대에게 학점관리만 하지 말라고 하는 이유는 바로 이 기회비용 때문이다. 독서실에서만 사는 모습은 그렇게 좋지 못하다. 심지어 입시생처럼 새벽에 독서실에 나와서 밤늦도록 책만 보다가 가는 것은 어쩌면 슬픈 일이다. 인생이란 긴 여정에서 20대의 젊은 때를 놓고 봤을 때 대학교 4년 동안 책과 씨름만 하는 것은 안타까운 일이다.

그러다가 학점관리에서 뒤처지면 어떡하느냐고 아우성치는 사람도 있을 것이다. 당연하다. 학점관리는 안 할 수 없다. 공부만 하는 것보다는 그리고 공부의 양을 늘리는 것보다는 공부에 대한 집중력을 높여서 가능하다면 상위권을 유지하라. A- 학점 이상이면 상위권이라고 할 수 있다. 대학생들은 어차피 취업을 생각해야 하므로 가능한 높은 학점을 만들어서 유리한 고지를 점령하는 게 맞다. 그러므로 공부에만 매몰되지 않으면서도 A 학점 이상 나오도록 노력하는 대학생이라면 구태여 학점관리를 하지 말라고 할 필요도 없다. 이는 오히려 잘하는 일이다. 학점관리만 하지 않으면서도 학점을 잘 관리하기 때문이다. 그렇다. 학점은 잘 관리하는 것이 중요하지, 학점관리만 하지는 말아야 한다.

한 가지 더 알려준다면 학점관리에 조바심 나는 마음을 가진다고 더 여유로워질 수 있을까? 취업에서 학점은 일정 수준 이상을 넘고 나면 매력 포인트가 되지 못한다. 평균 A- 학점을 받은 대학생을 두고 공부하지 않고 놀았다고 하는 사람은 없다. 그리고 A-와 A○는 그렇게 큰 차이가 아니다. 물론 예외로 대학원을 생각하고 있는 학생이라면 다르다.

학점관리보다 더 어필할 수 있는 요소는 바로 스토리다. 그대의 인생 이야기다. 그대만이 경험한 다른 사람의 마음을 움직일 수 있는 독특하거나 용기 있었거나 하는 따뜻한 이야기다. 학점관리에 들어가는 시간 손실 또는 기회비용을 줄여서 매력 있는 스토리를 쌓아라. 그것이 더 강력하다. 스토리가 없는 대학생활 이력은 매력적이지 못하다. 생각해보라. '대학교 4년 동안 공부만 열심히 했습니다.' 하고 쓰인 대학 성적표를 보면 어떤 기분이 들까?

내가 대단하게 느꼈던 일이 있었다. 대학교 때 그렇게 가깝지도 멀지도 않았던 한 친구가 혼자서 호주 대륙을 버스를 타고 횡단했던 일이다. 바로 배낭여행이다. 혼자서 그런 여행을 떠날 수 있다는 것은 학점 이상의 무언가를 시사한다. 바로 새로운 일에 도전하는 마음이다. 스토리다. 누구나 가는 언어연수가 아니라 짜인 여행 코스대로 움직이는 유럽 여행도 아니고 막막하고 더운 호주 사막을 건너며 새로운 일을 감행했다는 점에서 다르게 보인다.

내가 대학교 때로 다시 간다면 학점관리 좀 해야 할 정도이지만 그래도 여러 가지 스토리를 만들었다. 의도적이지는 않았다. 스토리를 위한 스토리를 만든 것이 아니라는 말이다. 그리고 그 스토리는 이후 국책연구소에 취직할 때 자기소개서에 기술해서 써먹었다.

풀어놓겠다. 대학교 3학년 때, 마침 대구 유니버시아드대회가 개최되었고 추천을 받아서 선수촌에 가서 통역 자원봉사를 하게 되었다. 다양한 사람들을 만날 수 있었고 다양한 언어를 접할 수 있었으며 그때는 자전거를 타고 40분 정도씩 달려서 선수촌에 가곤 했었다.

그대라면 학점과 스토리 중에 어느 것을 어떻게 보겠는가? 학점만 볼까? 아니다. 학점과 스토리 둘 다를 본다. 그리고 비슷한 학점 대라면 스토리가 면접관의 표정을 좌우할 것이다.

다른 예를 들어 사업 경험은 어떨까? 대학생이 직접 사업을 해본 경험이 있다면 분명히 다르게 보인다. 일을 대하는 자세도 일반 학생들과는 다를 것이고 현실 감각이 더 좋다고 볼 수도 있다. 아니면 또 다른 경험들도 해볼 수 있을 것이다.

학점을 잘 관리하면서도 시간을 학점관리에만 쓰지 말고 좋은 경험을 쌓아서 스토리를 갖춘 대학생이 되어라. 그것이 훨씬 더 그대를 매력 있게 보이게 한다.

03

아르바이트는
시간
소모이다

'4,860원!'

대한민국 2013년 최저 임금이다. 시급 4,860원이다. 아르바이트를 하면 적어도 한 시간에 그 이상은 받아야 한다. 대학교에 다니면 모임도 많고 돈이 많이 들어간다. 집에서 받아서 쓰는 용돈만으로는 충분하지 않다. 그래서 많은 대학생이 틈틈이 아르바이트를 한다. 흔히 '알바'라고 부른다.

그대는 아르바이트를 해본 적이 있는가? 나는 있다. 5년 반 정도 동안 과외 교사로 학생들을 가르쳤고 학원에 가서 가르쳐본 적도 있다. 그때는 잘 알지 못했지만 시간이 흐른 지금은 아르바이트로 돈을 번다는 기쁨 이면에 다른 손실이 있다는 것을 안다.

그대가 아르바이트로 돈을 벌어서 대학 등록금을 대는 학생이라면 잘한다고 칭찬해주어야 하겠지만 아르바이트는 시간 손실이라고 말해주고 싶다. 실제로 임금을 제대로 쳐주는 데는 별로 없다. 그래서 더욱 손실이다. 최저임금만큼도 쳐주지 않는 곳이 수두룩하다. 대학교에 다니고 있는 학생 정도면 고학력자 대접을 받아야 하는데 현실에서는 저임금을 받는 것이다.

편의점에서 시급 4,000원이라고 하면 대학교에 다닐 당시에는 적지 않은 돈이다. 밤과 새벽에 열 시간 정도씩 일해서 한 달 치를 벌면 목돈을 만들 수도 있다. 하지만 그대가 그렇게 한다면 시간을 잃게 된다. 대학교 공부와 일을 병행하는 것과 다르지 않다.

일하는 만큼 공부하는 데 집중하기 어려울 것이다. 편의점 아르바이트가 아닌 다른 곳의 임금과 현실도 다르지 않다. 음식점에서

서빙을 하더라도 서 있는 내내 다리가 아프다. 그렇다고 마땅히 뽀족한 수가 없는 대학생들로서는 아르바이트 한 개라도 더 하기 위해서 경쟁까지 해야 한다는 것을 알고 있다.

나는 국책연구소에 취직하기 전에 초등학생부터 대학원 입학 예정자까지 가르쳐보았는데 수업시간뿐 아니라 수업자료를 준비 하는 시간을 포함해 큰 시간적 손실이었다는 생각을 지금에야 하 곤 한다. 그렇다고 해서 아르바이트한 것을 후회하는 것이 아니다. 하지만 그대가 아르바이트를 하면서 힘들고 지치고 학교 다니는 데도 강의실에 들어가 수업을 듣는 데도 지장을 받는다면 아르바 이트를 그만두라고 말하고 싶다. 그리고 집에서 돈을 받아서 쓰라 고 하고 싶다. 아니면 씀씀이를 줄여라. 그것이 더 좋다.

대학교 등록금이 많게는 연간 천만 원을 넘는 현실에서 어쩌면 아르바이트는 당연한 일일지도 모른다. 직접 돈을 벌어서 쓰면 버 는 한도 내에서 원하는 만큼 쓸 수 있기 때문에 자유롭다. 그래서 아르바이트 개수를 늘리려 할 것이다. 하지만 아르바이트에 집중 할수록 그대는 적지 않은 손해를 보게 된다.

아르바이트에 들어가는 시간은 아깝다. 학교 공부와 아르바이트 둘 다 잘해내기는 쉽지 않다. 치우치기 마련이다. 그러면 어떻게 해야 할까? 공부에 지장을 주지 않는 한도 내에서 아르바이트를 최소한으로 하라. 그것이 그대에게 이익을 가져다줄 것이다.

한 가지 비교 계산을 해보자. 한 달에 80만 원을 벌 수 있는 아르바이트와 한 학기 장학금을 놓고서 말이다. 그리고 등록금을 500만 원 정도로 가정해보자. 금방 알아차리겠지만 비슷한 수치가 나온다. 공부를 열심히 해서 전액 장학금을 받는 쪽이 훨씬 더 큰 이익이라는 것을 감 잡을 수 있겠는가?

생활비를 벌기 위해서 하는 아르바이트라면 최소한으로 줄이고 공부에 시간을 더 투자하라고 하고 싶다. 하지만 자칫하면 아르바이트가 주가 되고 공부가 그다음이 되는 일이 빚어질 수도 있음을 우려해서 하는 말이다.

현실을 넘어서 본다면 대학생을 고용해서 아르바이트를 시키는 경우 현재보다 임금을 적지 않게 올려주어야 한다고 생각한다. 단

 나는 힘든 청춘들에게 힘이 되고 싶다.

기적으로 고용해서 저임금으로 활용하는 인력이기 때문에 감수해야 하는 부분이기도 하지만 노동의 강도를 따져보고 사회 일반의 다른 일자리와 비교해서 보면 임금은 국가에서 고시한 최저임금보다도 더 많이 높아야 한다.

처음에는 아르바이트가 즐겁다. 단순히 돈을 벌 수 있기 때문이다. 용돈도 마음대로 쓸 수 있다. 그러다가 익숙해지고 시간이 길어질수록 힘들어진다. 편의점에서 밤새워 일하는 것은 쉬운 일이 아니다. 밤을 새워 일하는 것만도 어려운 일이다. 아르바이트가 이렇게 어렵지만 반면에 좋은 면도 있다. 직접 돈을 벌어서 쓰며 자립심을 키울 수 있고 그다음으로는 사회를 빨리 접하며 사회 경험을 많이 할 수 있다는 점이다. 아르바이트를 해본 사람과 안 해본 사람은 이다음에 취직해서 사회에 나갔을 때 차이가 있다. 사회에 쉬운 일은 별로 없다. 아르바이트를 일찍 해보면서 사회를 미리 겪는 장점도 있다. 하지만 아르바이트는 대학생에게는 시간 손실의 측면이 적지 않다. 이런 이유로 가능하다면 현실의 차원에서 돈보다는 공부를 선택하는 쪽이 더 현명하다.

04

장학금 타는
멋진 대학생이
되어라

사람들은 이미지에 관심을 기울인다. 내가 다른 사람에게 어떻게 보일까 궁금하기도 하고 내심 좋은 모습으로 비치길 바라는 것이다. 그리고 대부분 사람은 자신을 괜찮은 사람 정도로 여기는 경향이 있다고 한다.

이미지가 좋으면 친구를 사귀는 데도 좋은 영향을 주고 이성 친구를 만나는 데도 좋다. 비교우위에 서는 것이다. 이미지는 한마디로 자산이라고 할 수 있다. 대학생으로서 학교에 다니는 4년 동안에 이미지를 획기적으로 바꿀 좋은 방법이 있다. 궁금하지 않은가? 어떻게 하면 될까? 대학생 때 아마도 가장 인정받는 길은 장학생이 되는 길이다. 장학금을 받는 것이다.

장학금은 공부한 노력과 성적에 대한 인정이고 보상이다. 그리고 장학금을 받으면 학과 내에서도 주목받게 된다. 누가 장학금을 받는지는 장학금을 받지 못하는 학생들도 궁금한 사항이다. 누가 받았다는 소문이라도 나게 되면 장학금을 받은 학생 당사자는 좋은 이미지를 구축하는 것은 물론 기분이 좋다.

그대 대학생이라면 장학금을 받는 멋진 대학생이 되어라. 가장 기본적으로는 장학금을 받는 것은 돈을 버는 길이다. 공짜로 공부하는 것이다. 얼마나 좋은가? 한 학기에 전액 장학금을 받으면 그야말로 공짜로 학교에 다니는 것이다. 그대의 부모님은 자랑스러워하게 될 것이다.

학과 사무실에 가서 알아보면 장학금의 종류는 공부를 잘해서 받는 장학금 한 가지만이 아니다. 근로 장학금도 있고 개인 기부

금에서 나오는 장학금도 있다. 신청하면 심사를 통해서 장학금을 받게 될 수도 있다.

전액 장학금이면 좋겠지만 일부만 주는 부분 장학금도 있다. 장학금은 대학생에게 있어서 대학교 4년을 보내는 동안 큰 기회다. 이후에 장학금을 받으며 학교에 다닌 사항은 직장을 구할 때도 또는 대학원에 진학할 때도 좋은 이력이 될 수 있다.

장학생이 되는 길은 용돈을 버는 대안이 될 수도 있다. 집에서 이제 스무 살이 넘었고 대학생이 되었으니 학비는 대주겠지만 용돈 정도는 알아서 아르바이트를 해서 벌어 쓰라고 할 수도 있다. 스무 살 정도 되면 집안에 손을 벌리며 용돈을 타 쓰는 것도 좋은 모습은 아니다. 그리고 많이 받아쓰기도 어렵다. 그대 그때 장학금을 받을 자신이 있다면 부모에게 이렇게 말해보라. 아르바이트를 하는 대신에 만약에 장학금을 받게 되면은 내지 않아도 되는 대학 등록금의 일부를 돌려받을 수 있는지 말이다. 아마도 안 된다고 할 부모는 없을 것이다. 공부를 잘하겠다는 말이기 때문이다.

예를 들어서, 등록금이 500만 원인데 전액 장학금을 타서 학비를 내지 않고 다음 학기를 공부하게 되었다면 그때 100만 원에서 150만 원 정도를 용돈에 더해서 받게 되는 것인데 대학생에게는 아르바이트하는 것보다 이쪽이 훨씬 더 낫다. 일종의 캐쉬백인 셈이다. 마트에 가서 물건을 사고 나서 돈을 지불한 다음에 그 돈의 일부를 마일리지로 적립해서 일정 금액이 되면 은행 통장으로 돈을 넣어주는 캐쉬백 말이다.

그럼 어떻게 하면 장학금을 받을 수 있을까? 당연히 공부를 잘 해야 한다. 과에서 몇 등 하는 정도는 되어야 할 것이다. 그래야 부분 장학금이라도 받는다. 때로는 일등을 해야 한다. 장학금을 받으려면 당연히 전공 공부를 잘해야 한다. 전공에 있어서는 그대 전문가가 되어라. 전공에 대해서 누군가 물었을 때 자연스럽게 잘 말할 수 있는 수준이 되어야 한다. 그렇게 하려면 기본을 잘 알아야 하고 공부를 제대로 해야 한다. 공부를 많이 하는 것과 공부를 제대로 하는 것은 다르다. 전공은 그야말로 대학교 4년 동안 공부하는 것인데 프로페셔널 해야 하지 않을까? 그렇게 하려면 전공 관련된 잡지를 한두 권 정도 구독하는 것도 좋다. 잡지에는 전공 관련 다양한 이슈 사항들과 관련 취재 기사가 담겨 있다. 전공 관련 학계의 흐름도 알 수 있고 이다음에 대학생활을 마치고 취업할 때 남들과 다른 뛰어난 폭넓은 전공 지식을 가지게 될 것이다.

독서실에 오래 앉아 있다고 공부를 잘하는 것은 아니다. 공부법을 개선해야 한다. 혹시 강의실에 들어가서 수업을 들었다고 공부했다고 생각하는가? 공부했다는 느낌이 들지는 않는가? 아니다. 강의실에서 들은 수업은 얼마 가지 않아서 사라진다. 일주일만 지나도 흐릿해진다. 왜 그럴까? 바로 수동적인 공부이기 때문이다. 강의실에 앉아서 교수님의 말을 들으며 수동적으로 들을 수밖에 없기 때문이고 또한 사람은 누구나 오래 집중할 수 없기 때문이다.

수동적인 공부를 능동적인 공부로 바꾸어라. 한 가지 방법을 알려준다면 강의실에서 교수님의 강의를 들으며 또는 칠판 필기와 OHP 스크린을 보면서 필기할 때 주의를 다른 쪽에도 기울여라. 바로 교수님이 무엇에 주목하는 가이다. 교수님이 주목하는 데 주목을 기울여야 하는 이유가 있다. 바로 그 점이 강의의 핵심이기 때문이다. 핵심은 당연히 중간·기말고사에 출제될 가능성이 높다. 또한, 핵심이 아니라고 해도 교수님이 주목하는 사항은 교수님의 스타일을 반영한다. 당연히 시험에 출제될 가능성이 있다고 보아야 한다. "지피지기면 백전불태"라고 했다. 적을 알고 나를 알면 적과 백 번 싸워도 위태롭지 않다는 뜻이다. 공부를 잘하려면 문제를 출제하는 교수님의 관심 사항에 대해서는 당연히 잘 알아야 한다.

노트 필기를 할 때 노트에 받아 적기만 하지 말고 그 강의에서 주요한 핵심 사항이 무엇이었는지 간단하게 적어두고 특별하게 강조된 사항도 적어두어라. 전략적인 공부다. 나중에 시험공부를 할 때 효과가 높을 것이다.

그리고 공부 시간보다는 집중력을 높여라. 전공 공부는 양이 많고 복잡하다. 오랫동안 공부하는 것은 공부에 그렇게 결정적이지 않다. 얼마나 집중해서 공부하는 지가 공부의 수준을 결정한다. 독서실에 앉아 있지만, 잡생각을 하거나 피곤하다고 자고 한다면 공부의 효율성은 떨어질 수밖에 없다. 한두 시간씩 바짝 긴장하고 공부하는 집중력 있는 공부 방법을 추천한다.

대학생에게 있어 전공은 인생의 자산이다. 잘 알아야 하고 수준
이 있어야 한다. 공부를 잘해서 또한 성적을 잘 거두어서 장학금
을 받는 대학생이 된다면 그대는 멋져 보일 것이다.

05

빚내서
대학 다녀야 하는
현실

'등록금 인상 반대!!'

그대 피켓을 들고 단체로 농성하는 대학생들을 본 적이 있는가? 대학교에 다니면 적지 않게 보게 될 것이다. 등록금 인상이라도 발표되는 날이면 이에 반대하는 많은 학생이 막아보려고 피켓을 들고 나선다. 등록금 인상에 항의하는 것이다. 학생들의 현실을 외면했다고 보기 때문이다. 심하면 단식을 하기도 하고 대학 총장실까지 점거하기도 한다. 학생 입장에서는 시급한 일이기 때문인데 등록금은 그만큼 대학생들에게 뜨거운 감자다. 한 학기에 수백만 원, 한 해에 천만 원에 육박하는 등록금을 감당하기 벅찬 집들이 많다.

대학교 4년의 기간을 따져본다면 총 여덟 번은 등록금을 내야 한다. 등록금 중에서 기성회비가 큰 비중을 차지하는데 그대 혹시 아는가? 학교에서는 기성회비를 쌓아두고 있다는 사실을 말이다. 그러면서도 등록금 인상을 추진하고 매년 등록금은 인상되는 경향이 있다. 요즘 같은 불경기에, 장기 불황 시대에 그래서 집안의 경제를 책임지는 가장들의 수입은 잘 오르기 어려운 때에 등록금은 감당하기 벅차다. 그래서 등록금을 내기 어려울 때 대학생들은 대출을 생각한다. 그대 대학 등록금을 대출하려고 한다면 신중하라. 신중해야 한다. 왜냐하면, 고스란히 빚이기 때문이다. 대출하게 되면 원금에 이자까지 내야 한다.

요즘 같이 취업하기도 어려운 때에 대학생들은 일부러 졸업 시기를 늦춘다. 취직 시장에서 현직 대학생 신분을 유지하기 위해서다. 그래야 유리하다. 하지만 대학 등록금 융자는 이를 봐주지 않는다. 그래서 심지어 학교를 졸업하기도 전에 신용 불량자가 되는 대학생들이 많다. 이는 치명적이다. 국가적으로, 사회적으로 대처하고 구제해주어야 하는 일이다.

빚내서 대학을 다녀야 하는 현실 때문이다. 어쩔 수 없이 돈을 빌려서 공부하는 것인데 등록금 융자에 대해서 상환 시기가 도래하면 어쩔 수 없이 이자와 함께 원금의 일부를 매달 꼬박꼬박 내야 한다. 그렇게 하지 않으면 금융 시스템에서 관리되고 있는 그대의 신용도는 뚝뚝 떨어지게 된다.

대학에 다니면서 등록금을 내기가 어려워 대출을 받으려면 갚을 수 있는지부터 잘 생각해야 한다. 그리고 되도록 은행권에서 받는 것이 좋다. 정부보증 대출이면 더 좋다. 이자율이 높은 캐피탈 자금은 되도록 쓰지 않는 것이 좋고 사채에는 더더욱 손을 벌리지 않는 것이 좋다. 나는 등록금 대출을 받아본 적이 있다. 그리고 수년에 걸쳐서 갚았는데 정부보증을 받고서 대출한 적도 있다. 대학생 입장에서 등록금 대출은 부담이 아닐 수 없다.

어려운 경제 상황에 빚내서 대학에 다니는 학생이 주변에 한둘이 아닐 것이다. 대학생 개인이 아르바이트를 해서 쉽게 감당할 수 있는 수준이 아니다. 용돈을 벌기도 쉽지 않다. 나는 대학생 신용불량자 문제는 부차적으로 사회의 책임도 있다고 본다. 일차적으로 등록금 금액수준이 너무 높다. 국립대와 사립대의 등록금 차이가 현저하다는 것을 보면 알 수 있다. 사립대의 등록금을 인하할 방법이 필요하고 금융권에서 대학생들을 보호하기 위해서 상환 기간의 연장과 함께 낮은 이자를 보장해주는 방법도 좋을 것이다.

나중에 대학교를 졸업하고 취직하고 나서 갚으면 되지 하는 안일한 마음으로는 등록금 융자를 받지 않는 것이 좋다. 상환 시기가 되어서 당장 갚으려고 하면 벅찰 수도 있기 때문이다. 그리고 등록금 융자는 한 사람이 한 번만 받는 것이 아니다. 한 사람이 두세 번 많게는 다섯 번 넘게 받을 수도 있다. 그렇게 되면 대출 금액이 수천만 원 단위가 되고 이자액도 만만치 않게 나온다. 그래서 대출금을 상환하기 어렵게 되고 쉽사리 신용 불량에 빠지는 것이다.

대통령 선거 공약으로 반값 등록금이 정책으로 제시된 적이 있지만 그대로 시행되지는 않았다. 어떻게 보면 정부가 나서서 대학생들이 짊어지고 있는 등록금의 짐을 가볍게 해주고, 그대들이 공부하는 데 걱정을 줄여줄 필요가 있다.

06

외국어
연수
잘하기

한국 사회에서 외국어를 잘하면 선망의 대상이 된다. 당연하다. 외국어를 잘하는 사람이 많지 않기 때문이다. 그리고 대기업과 중소기업 등 회사에서는 외국어 능력을 갖춘 인재를 선호한다. 글로벌화된 국제 경제시장에서 각 기업은 한국어가 아닌 외국어로 경쟁해야 하기 때문이다. 그래서일까? 대학생들은 가능하다면 너도나도 외국에 가서 언어연수 경험을 쌓아두려고 한다. 외국어 언어연수는 어떻게 하면 될까? 잘하는 방법부터 고민하는 것이 순서일 것이다. 왜냐하면, 비용이 만만치 않고 부담이 되기 때문이다. 언어연수 한 번에 많게는 천만 원이 넘게 든다.

대학생을 둔 부모 입장에서 자녀가 외국에 언어연수를 가겠다는데 안 보내주고 싶겠는가? 천만 원, 이천만 원, 이 정도의 돈이 들어간다면 대학 등록금보다 비싸다. 가정 경제에 큰 부담을 주는 것이 외국 언어연수다.

외국 언어연수 과정은 연수 관련 회사에서 제공하는 프로그램들이 있는데 자신에게 적합한 과정을 잘 살펴보고 따져보는 것이 좋다. 학원 같은 곳인데 이수하고 나면 언어연수 과정을 이수했다는 증명서를 발급해주는 곳이 좋을 것이다.

기본적으로 외국에 가서 홈스테이로 체류할 가정을 찾아야 한다. 혹시 친척이나 지인 중에 거주자가 있다면 일정의 생활 비용을 지불하면서 머무는 것도 좋다. 그대가 영어권에서 외국 언어연수를 계획하고 있다면 아마도 미국을 먼저 떠올릴 것이다. 그다음으로 영국, 캐나다, 호주 등이 있다. 어느 곳이 좋을까? 비용의 측면에서는 캐나다가 유리하다. 비용이 더 저렴한 측면이 있다. 하지만 미국식 실생활 영어를 익히고 싶다면 미국을 생각해보는 것도 좋다. 그리고 가능하다면 한국 교포들이 있는 곳으로는 가지 말라. 언어연수를 떠나서도 한국어로 살 수 있는 곳으로 간다면 언어연수의 의미가 떨어지기 때문이다.

나는 단기간 캐나다에 언어연수 격으로 갔다 온 사람을 보았다. 단기간이면 한 달에서 두 달 정도를 의미한다. 이 정도면 언어연수라고 할 수 있을까? 배낭여행 격으로 갔다 온 것에 더 가깝다고 할 수 있다. 가능하다면 일 년 정도를 추천한다. 적어도 그 정도는 체류하면서 그곳의 언어로 살아보아야 그 언어에 익숙해질 것이기 때문이다. 언어는 생활이다. 단기간에 늘지 않는다. 말하고 듣고 대화하고 의사소통하며 경험적으로 체득하는 것이다.

다음으로 언어연수를 가는 목적을 잘 생각해보아야 한다. 순수하게 외국어를 익히고 싶다거나 외국 경험이 목적이라면 체류 기간에 별 상관이 없을 것이다. 그대 혹시라도 취직을 목적으로 스펙을 쌓기 위해서 가는 것이라면 외국어 언어연수도 다른 사람들과 차별성이 있게 스토리가 있게 하라. 예를 들면, 돈도 벌 겸 언어연수 비용도 줄일 겸 외국에 갈 때 일자리를 구해서 직접 일하면서 언어연수를 하는 것이다. 그러면 임팩트가 있다. 스토리가 된다는 말이다. 취직도 어차피 일하려고 하는 것이다. 언어연수 과정에서 직접 외국어를 쓰며 일했다면 언어연수 그 이상의 효과를 거두게 된다.

2000년대에 접어들고 10년이 더 넘은 지금 중국이 새로운 경제 시장으로 급부상하고 중국의 경제력이 미국 다음으로 떠오르자 중국어에 대한 열풍이 거세다. 그래서 대학교에서도 중국어학과 쪽으로 인기가 높아졌다. 꼭 영어가 아니어도 중국어 쪽으로 언어연수를 떠나는 것도 좋다. 한국 바로 왼쪽에 중국이 있다. 중국은 큰 시장이다. 인구만 해도 13억 명이 넘는 대국이다. 하지만 한 가지 사실을 알아두라. 중국어 연수를 떠나려 한다면 알아야 할 키 포인트다. 중국에서는 영어로 의사소통할 수 있는 사람들이 한국만큼이나 적다는 사실이다. 들은 바로는 13억 명이 넘는 인구 중에서 수백만 명밖에 되지 않는다고 한다. 자연스러운 일이다. 왜냐하면, 중국에서는 영어를 쓰지 않고도 살 수 있기 때문이다. 이 때문에 중국에 들어가면 중국어를 써야 한다.

오히려 중국이 아닌 다른 나라들에서 중국어 열풍이 일고 있다고 한다. 나는 TV에서 중국어 열풍이 일어나고 있는 영국의 모습을 방영한 것을 본 적이 있다. 영어권에 비해서 중국으로의 언어연수는 비용이 상대적으로 더 저렴하다. 앞으로 중국의 경제력이 더 커질수록 미국과의 경제력 격차가 좁혀질수록 중국어에 대한 수요는 더 늘어날 것이다. 중국어를 전공하지 않은 사람이라도 중국어를 익히는 언어연수를 추천한다.

이제는 언어연수의 효과성에 대해서 살펴보자. 대학생인 그대가 외국에 언어연수를 다녀온다고 영어를 또는 중국어를 실제로 더 잘하게 될까? 대다수는 '아니다' 이다. 왜 그런지는 충분히 짐작할 수 있다. 한국에서도 영어로 제대로 의사소통을 잘하지 못하기 때문이다. 그대가 만약에 언어연수만 다녀오면 잘 될 거라는 기대를 하는 사람이라면 되도록 언어연수를 떠나지 말라. 돈을 아껴라. 그편이 더 낫다. 차라리 실제로 외국어 실력을 늘리기 위해서 좋은 어학 과정을 개설해두고 있는 회화학원에 등록해서 공부하는 것이 더 낫다. 만약에 취업을 앞두고 있을 때 면접 과정에서 언어연수를 다녀온 사실을 짚으며 면접관이 외국어로 말해보라고 한다면 어떻게 할 것인가? 취업을 생각하지 않을 수 없을 것이다. 그렇다면 취업 때 유리한 고지를 선점하기 위해서 언어연수를 가는 것이라면 준비부터 남달라야 한다.

나는 가장 좋은 언어연수는 외국에 가서 그 나라 언어로 생활하듯이 그 생활패턴을 그대로 가지고 와서 본국에 돌아와서도 그렇게 살아가는 것이라고 본다. 언어에 한정해서다. 한국어뿐만 아니라 외국어로도 살아가는 것이다. 쉽지 않다. 하지만 언어연수를 갔다 와도 언어연수를 할 때 그때뿐이고 본국에 돌아와서 그 이전과 달라지지 않는다면 별 효과가 없을 것이다.

그대 대학생이라면 언어연수를 생각해보라. 자비로 벌어서 갈 수 있다면 더 좋은 스토리가 될 것이다. 언어연수를 갈 수 있다면 감사한 일이다. 그리고 사전에 잘 준비하라. 실생활에 필요한 단어들을 많이 익히는 것은 그렇게 효과가 크지 않다. 영어 중국어 문법을 떠올리지 않고도 말할 수 있다면 잘한다고 할 수 있다. 단어보다는 되도록 실생활에 자주 쓰이는 문장 표현들을 간략하게 익혀두고 반복적으로 연습해서 점차 자연스러워질 때까지 노력하

라. 단어보다는 문장을 익혀두는 것이 효과가 크다. 그래서 외국
에 갔을 때 바로 외국어로 의사소통할 수 있도록 하는 것이 더 좋
다. 사전 준비를 잘해야 한다. 그러면 언어연수가 더 잘될 것이다.

07

영어를
공부하지 말고
영어로 생각하라

그대에게 시간을 준다면 얼마쯤이면 영어를 자연스럽게 쓸 수 있겠는가? 한국어처럼은 안 되어도 의사소통하는데 큰 어려움 없이 말할 수 있는 정도로 말이다. 일 년이면 되겠는가? 아니면 많게 잡아서 십 년이면 가능할까? 실망스럽게도 그렇지 않을 것이다. 왜냐하면, 초등학교 때부터 중·고등학교를 거쳐서 대학교까지 합산했을 때 16년 가까이 영어를 공부하고 또 접하고 살아도 영어로 제대로 말할 수 있는 사람을 보기는 매우 어렵다. 한국의 상황이다. 영어를 외국어로 쓰는 여타의 다른 나라들은 대체로 그렇지 않다. 유럽 같은 경우 2개 국어, 3개 국어를 쓰는 나라들이 흔하다. 독일 같은 경우에는 한국의 초등학교와 비슷한 김나지움 저학년부터 선생님이 영어로 수업을 가르치기도 해서 영어 사용이 자유롭다.

그러면 왜 한국의 대학생들은 영어를 잘하지 못할까? 자세하게 파고들어야 하는 질문이다. 대학생들은 대체로 국제공인시험인 토익 시험은 잘 쳐도 말은 잘 못한다고 한다. 토익 900점이 넘어도 말을 잘하지 못하는 것이다. 취업 시장에서 토익뿐 아니라 토익 말하기 시험 성적을 요구하는 까닭일 것이다.

단어와 문법은 잘 아는데 말은 잘하지 못한다는 것은 어딘가에 문제가 있다는 것을 알려준다. 과연 왜 그럴까? 그대는 혹시 주변에 외국인이 다가와 낯선 영어로 말할 때 어려움을 겪는가? 대부분 어려울 것이다. 외국어이기 때문이다.

나는 대학교 때 이러한 문제에 대해서 시간을 두고 고민하고 연구해본 적이 있다. 한국의 영어 문법책과 다른지 알고 싶어서 외국의 영어 문법책을 사서 들여오기도 했는데 더 쉽고 더 간편했다. 나는 영어로 생각하지 못하는 것이 문제의 답이라고 보았다. 대학생들은 누가 영어로 물어보면 더듬더듬 말은 해줄 수 있는데 아마도 속으로 영어 문법이 맞는지 의식해야 할 것이다. 문법을 의식하면서 말하고 있다면 이미 영어로 생각하지 못한다는 것을 알 수 있다.

영어로 생각한다는 것이 무엇일까? 어떤 느낌일까? 이것을 이해하려면 모국어를 생각해보면 된다. 바로 한국어다. 그대는 다른 사람들과 한국어로 의사소통할 때 더듬거리는가? 아니면 자연스럽게 자유롭게 말하는가? 후자일 것이다. 왜냐하면, 모국어이기 때문이다. 바로 그렇다. 그대는 자기도 모르는 사이에 한국어로 생각하며 한국어로 말하고 살아간다. 그렇다면 외국어인 영어도 제대로 잘하려면 그렇게 해야 하지 않을까? 같은 언어이기 때문이다.

영어 공부 10년이 넘어도 말을 잘 못하는 데는 문제가 있다. 단어를 잘 몰라서 잘하지 못하는 것은 아니다. 실생활에 필요한 영어 단어는 천 개 내외 정도면 부족하지 않다고 한다. 그대 대학생이면 이제는 영어 공부를 하지 말고 영어로 생각하라.

선물을 뜻하는 'present'라는 단어를 외우고 그 단어를 말해야 할 때 한국어로 선물을 먼저 생각하고 'present'를 떠올리는 것이 아니라 'present'를 'present'로 바로 받아들이는 것이다. 그러면 한국어로 번역하는 과정을 거칠 필요가 없다. 그렇게 하면 외국인과 말할 때 속으로 한국어를 영어로 번역해가며 말하는 과정을 거치지 않아도 된다. 얼마나 편하고 좋은가? 언어는 편하고 자연스러워야 한다. 당연하다. 살아가기 위해 사용하는 것이 언어다. 언어가 힘들면 삶이 힘들어진다. 어렵게 느껴지기 때문이다.

주변 사물을 대할 때 또는 주변 사람을 만날 때 속으로 영어로 생각하는 습관을 들여라. 그리고 그대가 좋아하는 영어 표현들로 채워보라. 얼마 가지 않아서 영어를 말하는 것이 익숙해지고 크게 어렵지 않을 것이다. 원어민처럼 되기는 어려워도 의사소통하는 데는 별 어려움 없이 말할 수 있다. 때로는 심지어 잠자며 꿈도 꿀 것이다. 그리고 꿈속에서 영어로 말하는 자신을 보게 될 수도 있다.

영어로 생각하는 것은 영어를 공부하는 것보다 재미있고 더 쉽다. 처음에는 어렵게 느껴지지만 자신이 원하는 표현을 외국어인 영어로 자유롭게 표현하게 될수록 외국어에 대한 거부감도 줄어든다.

요즘 한국 사회에는 다문화 가정이 많다. 외국인이 늘어난 것이다. 또한 한국을 방문하는 외국인 여행객들도 많다. 그만큼 생활 주변에서 영어를 써야 할 때가 많다. 그리고 나중에 취업하게 되면 영어를 써야 할 때가 온다. 외국 고객을 만나면 그렇다. 그대가 만약에 영어로 생각하는 데 익숙해진 사람이라면 자유롭게 말할 수 있을 것이고 영어를 공부하는 데 시간을 많이 쓴 사람이라면 영어로 표현하는 데 어려울 것이다. 내가 대학교 때 연구했었던 목표는 바로 자연스러운 외국어였다. 그래서 어떻게 하면 모국어처럼 외국어를 쓸 수 있을까 고민했다. 영어를 쓸 때는 영어로 생각해야 한다고 말하는 배경이다. 그대 영어로 생각하는 것을 처음 들어보았다면 이제부터라도 영어로 생각하는 것이 무엇인지 한번 생각해보라. 그리고 영어로 생각해보라. 영어가 한층 더 편해질 것이다.

08

전공만으로는
부족하다,
무기를 갖추어라

'함대함 포격전과 거북선.'

임진왜란 얘기를 하려고 한다. 이순신 장군이 해전에서 어떻게 적을 맞아서 스물세 번을 싸워서 모두 이길 수 있었을까? 잘 생각해보라. 육지에서 파죽지세로 승전 가도를 달리던 일본군은 조선의 수군을 처음에는 가볍게 보았을 가능성이 높다. 하지만 이후 바다에서 조선 수군에 패전을 거듭할수록 섣불리 나서지 않으려고 했을 것이다. 이기려고 말이다. 조심하고 또 조심하며 치밀하게 전투를 준비했을 것이다. 그런데도 이순신 장군과 수군은 연승 행

진을 한다. 비장의 무기를 갖추고 있었기 때문이다.

　바로 화포와 돌격선인 거북선 말이다. 이순신 장군은 먼저 조선의 수군 전선에 화포를 실어서 함대함 포격전이 가능하게 하였다. 첫 번째 해전인 옥포해전에서는 선상에서 포격전을 해오는 조선 수군에 일본군은 어이없이 당하고 말았다. 당시 일본 수군의 전선에는 화포가 장착되어 있지 않았다. 이후에도 화포는 조선 수군의 강력한 무기였다. 조선 수군이 비교우위에 선 것이었다.

　그리고 다음으로 거북선이 있었다. 이전의 거북선을 개량해서 전함에 철로 된 지붕을 얹고 화포를 쏘며 돌격하는 전선을 만들었다. 많은 해전에서 쓰인 것은 아니지만 필요할 때마다 거북선을 활용했으며, 적이 예상하지 못하는 때에 적이 예상하지 못하는 방법으로 적을 교란하며 거북선을 이용했다. 그대도 대학생이라는 시간 동안에 그대만의 화포와 거북선에 해당할 수 있는 자신만의 능력과 무기를 찾아서 잘 연마해둔다면 이후 취업이라는 만만치 않은 해전에서 자신 있게 승리할 수 있을 것이다.

능력 있는 사람은 멋있어 보인다. 그대는 능력 있는 사람인가? 아니라면 아직 늦지 않았다. 대학생 때부터 능력 있는 사람이 되도록 준비하고 노력하면 된다. 전공 능력은 기본이고 필수다. 대학교 4년이라는 시간을 쏟아부어서 전공을 연마하는데 졸업 이후에 쓸모가 없어진다면 얼마나 아쉽겠는가? 실제로 그런 경우가 흔하다. 열심히 공부해서 전공했는데 사회에 진출하려고 취업 전선에 나가보니 전공과 취직이 잘 맞지 않는 경우를 만나게 될 때 말이다. 그대 전공이 취직 때 직업으로 전환될 수 있는지 미리 알아두는 것도 좋다. 그렇지 않다면 다른 준비를 해야 하지 않을까? 먼저는 전공을 잘 공부하고 쓸모가 있도록 그와 관련된 직장이 어떤 것이 있는지 알아두는 것이 좋다.

대학입학 때 이공계 기피 현상이 있었다. 2000년대에 들어서다. 하지만 이를 역으로 생각해보면 그만큼 이공계 쪽에서 수요는 그대로인데 공급은 줄어드니 이공계를 전공하면 가치가 늘어나는 셈이다. 이공계 쪽에는 직장이 많다. 이를 염두에 두라. 이공계 기피 현상이 일어나는 것은 전공하는 데 들어가는 노력에 비해서 이후 사회에서 받는 대가가 상대적으로 적기 때문일 것이다. 하지만 사회 전체적으로 보면 적은 편이라고 볼 수만은 없다. 대기업의 경우에는 많은 편이다. 오히려 이공계보다 인문계 쪽에서 더 직장을 구하기도 어렵고 전공과 관련이 적은 일을 하게 되는 경우가 많다고 한다.

이제는 전공만으로는 안심할 수 없다. 다른 무기들을 갖추어야 한다. 자신의 매력 포인트를 만들어야 하는 것이다. 어떤 무기들이 좋을까? 어학 능력도 좋다. 외국어 말이다. 하지만 요즘에 외국어 능력은 필수가 되었다. 그렇더라도 자유자재로 외국어를 구사할 수 있다면 비교우위에 서는 것이다. 아니면 자격증을 갖추어 놓는 것도 좋다. 아무래도 국가가 인증하는 자격증을 잘 따놓으면 능력 있는 모습과 함께 노력하는 모습을 보여줄 수 있게 된다.

한 번쯤 공모전에 나가보는 것도 좋다. 수상까지 하게 된다면 좋은 무기가 될 것임이 분명하다. 하지만 수상하지 못한다고 해도 참가 이력만으로도 매력 포인트를 쌓게 되고 나중에 활용할 수 있다. 수상을 목표로 한다면 지속적으로 공모전에 참가해서 노력한다면 가능성을 높일 것이고 공모전 수상으로 바로 취업하는 경우도 있다는 것도 알아둘 필요가 있다.

그대 취업 정보 인터넷 웹사이트 '사람인'을 아는가? 수많은 취업 관련 정보가 올라온다. 나는 국책연구소에 취직할 때 취업 공고를 '사람인'에서 찾았었다. 주소가 http://www.saramin.co.kr 이다. 취직한 이후에도 가끔 '사람인'에서 대기업, 중소기업, 공공기관에서 올라오는 인력 채용공고를 선별해서 모으기도 했는데 아주 많은 곳에서 컴퓨터 프로그래밍 능력을 갖춘 사람을 뽑으려고 한다. 그대 전공에 더해서 별도로 프로그래밍 능력을 갖추어 두는 것도 좋다. 기업에서는 능력 있는 프로그래머를 데려다 쓰려고 한다. 그리고 내가 추천한 '사람인' 웹사이트 등에서 자신의 전공과 관련된 공고가 뜨는지 주시하고 지켜볼 필요가 있다.

대학교 4년의 전공만으로는 40년을 잘 살아가기가 어렵다. 많은 사람이 힘들게 공부하고도 전공을 직업으로 연결하지 못한다. 그렇다면 전공 외에도 다른 능력들을 갖추어야 한다. 전공이라는 카드를 내밀 수 없을 때 자신 있게 내밀 수 있는 카드 말이다. 나는 공대에 다녔지만 프로그래밍에 재미도 없었고 잘하지도 못했다.

하지만 외국어를 잘한 편이고 대학 때 4개 국어를 이수했으며 외국어 평균 성적은 높았다. 그리고 글쓰기를 좋아해서 글쓰기 능력을 이용해서 싸이월드에서 페이퍼 작가가 되었고, 또한 이렇게 책을 쓰며 연구 작가를 하려고 노력하고 있다.

09

동아리
활동도
필요하다

대학생들은 어떤 문제 때문에 힘들어할까? 등록금일까? 아니면 취직 문제? 아마도 가장 힘들어하는 문제는 인간관계 아닐까? 선배와 후배 그리고 주변 친구들 사이에서 부대끼고 하면서 일어나는 다양한 크고 작은 일들은 사람을 힘들게 한다. 인간관계를 잘하는 사람은 많지 않다. 아마도 인간관계는 누구나가 어려워하지 않을까? 심지어 잘해주어도 싫어할 수 있는 것이 사람이다.

강의를 들을 때 되도록 아는 친구와 함께 수강하라. 그러면 개별적으로 친구를 사귀는 데 도움이 된다. 강의를 들으러 강의실에서 다른 강의실로 함께 가는 동안에 대화도 할 수 있고, 강의 과제도 함께 할 수 있으며 친해질 좋은 기회가 많다. 이보다 더 좋은 기회가 있는데 바로 동아리에 가입하는 것이다.

대학교 내 학과들을 다녀보면 심심치 않게 볼 수 있는 것이 있다. 바로 동아리 홍보 포스터다. 전공 관련 동아리, 야구, 농구, 축구, 미식축구 등의 스포츠 동아리와 기독교, 불교 등의 종교 동아리, 영어 회화, 중국어 회화 등의 어학 동아리, 자원봉사 동아리 그리고 그 외에도 다양한 많은 동아리가 있다.

그대 대학생이 되었으면 동아리에 한 번 들어보기를 권한다. 전공 공부하기도 바쁜데 무슨 동아리에 드느냐고 한다면 예외다. 오히려 그런 사람이라면 전공 관련 동아리에 드는 것도 좋은 방법이다. 공부를 심도 있게 할 기회들이 많다.

무엇보다도 동아리에 가입해서 활동하면 인간관계의 폭을 넓힐 수 있다. 사실 학과 생활만으로는 선배와 후배와 시간을 많이 보내기가 어렵다. 학과 MT가 아니면 더욱 그렇다. 아마 MT마저도 학과 친구들과만 가는 데도 있을 것이다. 동아리에 가보면 그대보다 대학생활을 더 오래 한 사람들이 있고 혹시라도 그대에게 풀기 어려운 고민이 있다면, 공부 때문에 어려워한다면, 연애 문제로 힘들어한다면 그대 고민에 귀 기울여줄 수 있는 선배들이 있다. 그런 사람들을 알아두고 사귄다는 것은 살아가는데 큰 자산이 될 수 있다. 좋은 멘토를 만나게 된다면 인생에서 더할 나위 없이 좋을 것이다. 나는 학과 생활 다음으로 대학교에서 인간관계를 잘하는 방법이 동아리 활동이라고 생각한다. 동아리 활동이 오히려 더 나을 수도 있다. 시간이 아까운가? 공부해야 남는다고 생각하는가? 동아리 활동도 한 개쯤 해보라. 그대가 전공 공부를 소홀히 하지 않는 선에서 동아리 활동을 한다면 오히려 다채로운 대학생활이 될 것이며, 가능하다면 전공과 관련이 있는 동아리에 가입해서 함께 활동해본다면 공부도 하면서 더 좋은 인간관계를 맺을 기회를 얻을 것이다.

대학교 축제 시즌이 되면 동아리 회원들과 함께 기둥을 세우고 천막을 치고, 주막을 준비해서 음식을 만들고 팔며 술과 함께 동아리 소개 활동을 하기도 하고 지나가는 학생들을 불러 모아서 만든 음식을 대접하기도 한다. 얼마나 즐겁겠는가? 그대 대학생활을 하는 동안 공부 이외에도 함께 어울릴 수 있는 동아리 활동을 해보기를 바란다.

동아리에 가입해서 함께 생활한 사람들과는 이후에 사회에 진출해서도 좋은 관계를 지속할 수 있다. 사회에 나가서도 어려울 때 옆에 있어 줄 수 있는 것이다. 실은 학과 내에서 알게 된 선배, 후배와는 거리감이 있는 것이 사실이다. 위계질서가 분명하기 때문이다. 하지만 동아리는 대체로 분위기가 친화적이다. 그리고 잘 해주려고 한다. 왜냐하면, 신입 동아리 회원이 떠나지 않도록 하기 위해서다. 정예 멤버가 되어주기를 원하는 것이다. 그리고 동아리를 유지하기 위해 함께 작품 활동을 하면서 대학생활의 활력을 높일 수도 있다.

저학년 때부터 취업을 생각하는 사람이라면 시간 아깝다고 여기기보다는 취업에 도움이 되는 쪽으로 동아리에 들어보는 것도 좋고 저학년 때만이라도 1년에서 2년 정도 동아리 활동을 해보는 것도 좋다. 예를 들어서, 방송국 아나운서가 되고 싶은 사람 같은 경우에 전공이 그쪽이 아니더라도 대학교 내 신문방송학 동아리에 가입해서 방송 활동을 하며 경험을 쌓을 수 있다. 또한 취업을 위해서 프로그래밍 동아리에 들어보는 것도 추천할만한 일이다. 요즘 대기업과 중소기업 중 많은 곳에서 인력 채용 시 프로그래밍 능력을 조건으로 제시하는데 나중에 취업하려고 할 때 동아리 활동 이력을 제시하면 매력 포인트가 될 수도 있다.

10

캠퍼스에서는
자전거가
자동차보다 더 좋다

'자전거가 더 빠르다.'

그대 자전거와 자동차 둘 중에서 하나를 선택할 수 있다면 어떻게 하겠는가? 대부분 자동차를 선택하지 않을까? 대학생 신분에 무슨 자동차를 선택할 수 있을까 싶기도 하겠지만, 자동차를 타고 학교에 다니는 사람들도 있다. 자기가 직접 벌어서 산 자동차라면 멋진 일이다. 나는 대학생에게 자동차는 과한 면이 있다고 생각한다. 그래서 대학생이라면 학교 안에서는 자동차보다 자전거가 더 낫다고 본다.

강의실과 강의실을 오갈 때 자전거가 자동차보다 더 효율적이다. 시간을 아낄 수 있다는 말이다. 캠퍼스를 자유롭게 누비기에는 역시나 자전거가 더 낫다. 학생들로 캠퍼스 내 길이 북적거리는 학교 안에서는 자동차로 움직이기에 편리하지 않다. 아무래도 차보다 사람이 먼저이기 때문이다.

자전거를 타면 건강에 좋다. 체력이 단련되는 효과가 있다. 다리 운동과 허리 운동이 된다. 친구들과 자전거를 타고 다니며 강의를 듣는다면 좋은 추억을 만들 수도 있다. 나는 대학 때 직접 벌어서 샀던 스마트 삼천리 자전거를 타고 다녔다. 때로는 두 손을 놓고서 캠퍼스를 다니기도 했는데 좋았던 것은 질주할 때 시원한 공기를 마실 수 있다는 것이었다. 그대 자전거를 타보면 좋지 않을까?

대학생 때는 웬만하면 자동차는 타지 않는 것이 좋다. 아마도 친구들 사이에 거리감이 들 수도 있다. 그만큼 차를 타고 다니는 학생은 드물다. 대학생 입장에서 스스로 벌어서 자동차 유지비를 대기는 여간해서 쉬운 일이 아니다. 그리고 대학교 캠퍼스 안에서 이 건물에서 저 건물까지 일일이 자동차를 타고서 움직이기에는 번거로운 면이 많다. 주차하기가 번거롭기 때문이다. 자동차를 타든 자전거를 타든 자유이겠지만 자전거 한 대쯤 마련해서 집까지 오가기도 하고, 캠퍼스에서 운동 삼아서 타기도 한다면 시간 절약 효과도 누릴 수 있다.

어쩌면 캠퍼스에서는 자전거가 자동차보다 더 빠를지도 모르겠다. 자전거는 바로 올라타고 갈 수 있다. 주차하기도 더 편하다. 그리고 안전을 위해 자물쇠만 채우면 된다.

걸어 다니는 쪽을 선호하는 사람들도 있을 것이다. 그대는 어느 쪽인가? 오래 걸어 다녀본 사람이라면 자전거를 한번 타볼 것을 추천한다. 그대의 대학생활을 더 편리하게 만들어줄 것이다.

11

도서관에
자주
가라

"아는 것이 힘이다."

영국의 철학자 프랜시스 베이컨이 했던 말이다. 그대는 아는 것이 많은가? 아는 것은 정말로 힘이 될까? 한번 생각해보라. 어떤 것을 몰라서 무력해질 수밖에 없는 것에 비하면 아는 것은 분명 힘이 된다. 그러면 많이 알려면 어떻게 해야 할까? 사람은 크게 사람과 책으로부터 배운다. 그중에서도 후자의 영역이 넓고 깊다. 책에는 많은 양의 지식이 담겨 있고 많은 지혜가 녹아 있다.

대학교에서 지식이 가장 많은 곳은 교수님 연구실이 아니다. 어디일까? 바로 도서관이다. 도서관에 가면 일렬로 죽 늘어선 책장 선반에 코드별로 나열된 책들이 즐비하다. 책이 너무 많아서 읽고 싶은 책을 찾는 데도 시간이 꽤 걸린다. 하지만 책을 읽으며 지식을 쌓는 것을 생각하면 아까운 시간이라고 할 수 없다.

그대 도서관에 자주 가라. 도서관과 친해져라. 이성 친구를 만나더라도 도서관에도 가서 놀아라. 강의실에서 공부하는 것과는 차원이 다르다. 때로 도서관에서 아주 좋은 책을 만나면 즐거울 것이다. 그 좋은 책을 통해서 그대는 다른 세상을 들여다볼 수 있다.

주변에 혹시 철학자 소크라테스만 한 사람이 있는가? 그렇지 않다면 소크라테스의 제자였던 플라톤의 책들을 통해서 소크라테스를 들여다보라. 그의 말들을 통해 그대는 자극될 것이다. 강의실에서 배울 수 없는 것이다. 강의실에서는 주로 수동적으로 듣는다. 하지만 도서관에서는 능동적으로 책을 찾고 빌려서 읽는다. 어느 쪽이 나을까? 수동적으로 듣는 것은 오래가기 어렵지만, 능동적으로 찾는 노력을 통해 얻은 것들은 오래도록 기억에 남는다.

어떤가? 도서관에서 많은 책을 만나라. 도서관에 자주 들러서 다양한 책들을 섭렵한 사람은 보통의 대학생들과 다르다.

책을 통해 그대는 경험을 대신할 수 있다. 간접적으로 경험하는 것이다. 수많은 사람의 경험이 책 속에 고스란히 묻어나 있다. 역사, 전기, 철학, 경제, 과학 등 다양한 분야를 살펴볼 수 있는데 되도록 한 분야를 넘어서 다양한 분야를 접해보는 것이 좋다.

책 읽기가 익숙하지 않은 대학생이라면 그대가 좋아하는 분야부터 찾아보라. 책과 친해지는 연습도 필요하다. 한 권의 책을 통해서 한 사람을 들여다볼 수 있고, 그가 살았던 한 시대를 알 수 있으며 그 주인공이 사상가였으면 더욱 그대의 정신과 삶에 큰 자극을 줄 수도 있을 것이다.

그렇다고 도서관에서 살아야 한다고 하는 것이 아니다. 아마도 대학교 4년의 시기만큼이나 자유롭게 책을 읽을 수 있는 때는 흔치 않을 것이다. 대학교 4년이 아닌 40년의 인생을 살아가는 측면에서 본다면 두말할 것 없이 좋은 책을 찾아서 읽는 것이 좋다. 그대가 살아가는데 좋은 양분이 된다.

　책 중에서도 역사를 들여다볼 수 있는 책들을 보기를 추천한다. 시대를 보는 안목을 키울 수 있다. 그리고 인생을 보는 통찰력을 키울 수 있다. 작고 사소하며 부분적인 것에서 벗어나 크고 전체적이며 통합적인 안목을 쌓는 연습을 할 수 있을 것이다.

　그렇게 책을 통해서 단련된 그대의 인생은 대학 4년을 마치고 진입하는 사회 속에서 풍랑을 만나더라도, 이미 갖추어 놓은 많은 살아있는 지식과 지혜 때문에 쉽게 좌초하거나 주저앉지 않을 것이다. 책 속에서 살아 숨 쉬는 역사의 많은 인물은 이미 그대와 같은 고민을 해보았을 가능성이 상당히 많다. 그들은 어떻게 대처했는지 그들은 어떻게 돌파했는지 간접적으로 경험한 사람이라면 위기의 상황을 만나서도 유연하게 잘 대처할 수 있다.

　대학생 때는 책으로 단련하는 사람이 되어라. 책 한 권의 가격은 만 원에서 만 오천 원 안팎이지만 그 속에 들어 있는 지식은 돈 이상의 엄청난 가치가 있다. 그대가 심지어 그 속에서 그대에게 딱 한 가지 유용한 지식만 길어냈다고 해도 그대는 남는 장사를 한 것이다. 그 유용한 지식이 그대가 가야 할 인생의 방향을 잡아 줄 것이다.

한 달에 좋은 책 세 권 이상은 찾아서 읽어라. 나는 많은 책을 읽는 것보다 좋은 책을 골라서 잘 읽는 것이 좋다고 생각한다. 그렇게 하면서 차츰 더 많이 읽는 습관을 들인다면 더없이 좋다. 책에 관심이 없는 사람에게는 한 달 아니 일 년에 한 권을 읽는 것도 힘들다. 책 읽는 재미에 시간 가는 줄 모르는 때가 있기를 바란다. 그대의 인생이 자라나는 시간이다. 그대의 사고가 책 속의 주인공들과 책을 쓴 저자들과 상호 작용하는 시간이다.

많은 사람이 사본 베스트셀러가 꼭 좋은 책이라고 하기는 어렵지만 베스트셀러는 읽어보기를 권한다. 왜일까? 베스트셀러에는 바로 당대의 시대상과 코드가 담겨 있기 때문이다. 수많은 사람이 읽었다는 것은 그만큼 그 시대와 상호작용했다는 것을 의미한다. 도서관에 가면 베스트셀러도 돈 들이지 않고 빌려서 볼 수 있다. 가능하다면 좋은 책은 직접 구입해서 읽도록 하라. 책 사는데

들이는 돈은 아까운 게 아니다.

　도서관에 가서 그대의 인생을 준비하라. 대학교 때 가질 수 있는 자산 중에서 엄청난 부분은 바로 책에 있다. 도서관에서 여유롭게 책 읽으면서, 때로는 치열하게 사고하면서 책을 독파하라. 그대를 자극하는 책을 만났을 때 그대의 인생도 자극된다.

　사회에 진출하고 나면 일한다고, 회사에 다닌다고 책 읽을 시간이 많지 않을 것이다. 그대가 대학교 4년 동안 책을 통해 얻는 많은 양의 지식과 지혜를 그대 인생의 창고에 쌓아둔다면 대학교를 졸업하고 나서 큰 힘이 될 것이다.

12

한 권의
좋은 책을 찾아서
깊이 읽어라

그대 일 년에 책을 몇 권 읽는가? 한 열권 정도는 읽는가? 한 달에 한 권 읽으면 일 년에 열두 권 읽는 것이 된다. 많이 읽는 사람은 한 달에 열 권, 일 년에 백 권 넘게 읽을 것이다. 이제는 질문을 바꿔보겠다. 그중에서 그대의 인생을 변화시킨 책은 어느 정도인가?

인생을 변화시키는 책을 만나기는 쉽지 않다. 그러면 그대는 이제 책을 어떻게 읽어야 할까? 일 년에 백 권이 넘는 책을 읽더라도 인생은 그렇게 많이 달라지지 않는다. 왜일까? 겉핥기식으로 읽기 때문일까? 대충 읽기 때문이다. 대충 읽은 책은 오래 남지 않는다. 그대 일 년 전에 무슨 책을 읽었는지 그리고 그 책들이 그대에게 무슨 영향을 어떻게 주었는지 말할 수 있겠는가? 아마도 짐작이 틀리지 않다면 흐릿할 것이다. 스쳐 가는 책, 즉 한 번 읽고 지나가는 책들은 그대의 인생을 그렇게 자극하지 못한다. 읽는 동안 그대에게 지식 몇 조각을 전해줄 뿐 시간이 지나면 떠내려가고 만다.

책 읽기에 있어서 속도가 아닌 깊이를 추구하라. 책 읽는 속도를 높이면 하루에 책을 한 권씩 읽을 수도 있을 것이고 그렇게 하면 일 년에 수백 권을 읽는 셈이 된다. 그보다는 한 권의 책을 그것도 그대가 좋아하는 책이든 아니면 아주 좋은 책이든 사색하며 깊이 읽어라.

일 년에 책 한 권을 읽는 것도 좋다. 아주 좋은 책 한 권이 지나가는 책 백 권보다 더 낫다. 더 많은 양분을 길어 올릴 수 있다. 좋은 책을 찾는데 더 많은 시간을 기울여라. 나는 대구에서 책을 살

때 사십 분씩 걸어서 시내 큰 서점에 가서 책 한 권을 고르는데 한 시간 이상을 들이며 살펴보기도 했다. 다리가 아플 정도였지만 좋은 책을 한 권씩 그렇게 골라서 사와 읽으면 즐거웠다.

일 년에 책 한 권을 읽는 것은 읽고 또 읽는 것을 의미한다. 그대 왜 좋은 책을 골라서 읽고 또 읽어야 할까? 입장을 바꾸어서 말해보겠다. 독자가 아니라 작가의 입장 말이다. 한 작가는 수작을 써내기 위해서 한 권에 몇 달 또는 일 년 이상까지도 시간을 들여 쓴다. 그렇게 고뇌하고 고심한 글로 책을 채운다. 목수가 설계도를 가지고 체계적으로 망치질하고 못질해서 좋은 나무로 편안하고 아름다운 집을 지으려고 하듯이 작가도 사색하며 좋은 소재를 구상해서 체계적으로 좋은 책을 쓰려고 한다.

작가는 책 한 권을 쓰는데 몇 달을 쓰는데 독자는 하루 이틀 만에 읽는다고 하면 괜찮을까? 겉핥기식으로 읽고 지나갈 수밖에 없다. 좋은 지식은 빨리 얻을 수 있겠지만 그대의 마음을 울리는 깨달음은 얻기 어렵고 그대의 인생을 바꾸는 사색도 하기 어렵다. 가급적이면 좋은 책을 고르는데 많은 시간을 쓰고 한 권의 책을

 나는 힘든 청춘들에게 힘이 되고 싶다.

사색하며 깊이 읽어서 깊은 양분을 추출해내라.

그대 깊이 있는 사람이 될 것이다. 뿌리를 얕게 내린 나무는 여름에 태풍이 와서 휩쓸고 지나가면 뽑혀서 날아간다. 마찬가지로 얕은 독서는 그대의 마음을 자라게 하지 못하고 그대의 독창적인 사상도 자라나게 하지도 못하며 지식 쪼가리들을 얻게 할 뿐 큰 바람이 불면 날아가 버린다.

사람 대부분은 1~2년 전에 무슨 책을 읽었는지 잘 기억하지 못한다. 기억하더라도 책 제목과 책을 쓴 작가가 누구였는지 정도뿐이다. 그런 독서는 그대가 대학 4년을 보내는 동안 그대의 마음을 허약하게 만든다.

가능하다면 사색하라. 가능하다면 그대 철학자가 되어라. 남들보다 깊고 넓은 사상의 폭을 가진 사람이 되어라. 그렇게 하려면 아주 수준 높은 책들을 만나서 그대의 생각으로 한 개씩 한 개씩 녹여내야 한다. 시간이 걸린다. 단시일에 되는 것이 아니다. 책 한 권을 녹여내는데 일 년이 넘게 걸릴 수도 있다. 그래도 그대 멈추지 마라.

깊이 있는 것이 오래도록 튼튼하다. 깊이 있으면 누가 흔들어도 쉽게 흔들리지 않는다. 그리고 깊이 있는 것은 매력적이다. 그대 얕은 사람보다는 깊이 있는 사람이 되어라. 독서법부터 바꾸어라. 오히려 책 읽기가 여유로워지고 읽기 위해서 읽는 독서에서 벗어나 재미있고 즐거운 독서가 될 것이다.

그렇게 깊이 있는 시간을 들인 책 읽기로 일 년에 단 두 권을 읽었다고 해도 못난 일이 아니다. 왜냐하면, 그 책에 녹아 있는 작가의 철학과 작가의 사상이 그대의 마음에 녹아나기 때문이다. 시간이 지나도 심지어 십 년이 지나도 그대의 마음에 기억되고 그대를 많이 자라나게 한다.

어느 시대를 막론하고 깊이 있는 것은 얕은 것을 제압하고 이긴다. 대학교 4년을 보내고 나면 취업을 해야 하고 구직할 때 면접관 앞에서 말을 해야 한다. 그대가 누구인지 말하고 설명하고 어필해야 한다. 그것도 주어진 얼마 안 되는 시간 안에 말이다. 그대 깊이 있는 대답을 한다면 면접관의 마음을 충분히 움직일 것이다. 어떻게 새롭고도 깊이 있는 대답을 할 수 있겠는가? 평소에 연습이 되어 있어야 한다. 책 읽기로 준비하라. 깊이 있는 책 읽기로 그대의 인생을 자라나게 하라.

철학자들의 책을 읽어보기를 추천한다. 역사 속에서 이름을 남긴 철학자의 책에는 수준 높은 사색이 담겨 있다. 처음에는 이해하기 어렵겠지만 그들의 사상에 익숙해질수록 그대의 사상도 그대의 언어도 변화하게 될 것이다. 예를 들어 소크라테스, 플라톤, 니체 등이다. 또 알겠는가? 그대가 그들보다 더 나은 사상을 가지게 될지 말이다. 깊이를 추구하라. 그대 인생에 오래도록 남아서 그대의 길을 넓혀줄 것이고 다른 많은 사람의 생각을 이해하고 담으며 포용할 수 있는 사람이 되게 해줄 것이다.

사회에서는 깊이 있는 사람을 찾아보기가 어렵다. 왜일까? 속도에 익숙하기 때문이다. 산업사회에서 정보사회를 넘어 지식 기반의 융합사회로 발전하며 속도를 추구하고 있다. 그대 일상의 많은 부분을 차지하는 스마트폰은 속도의 산물이다. 시간을 단축하고 있다. 데이터 다운로드 속도로 경쟁한다. 그대 그런 속도의 흐름에서 벗어나 깊이를 추구하라. 스마트폰은 잠시 내려놓아도 된다.

알고 보면 스마트폰에는 깊이 있는 지식이 별로 없다.

그대가 어떻게 살아가야 하는지, 어떻게 살면 잘살 수 있는지, 그리고 어디로 가야 할지 답은 그대 자신이 가지고 있어야 한다. 그대의 생각이 깊이를 더할수록 그대의 지식이 깊을수록 그대는 20대에도 30대에도 만만치 않은 세상을 더 안전하게 더 여유롭게 건널 수 있을 것이다.

13

스마트폰은
때론
장애물이다

움직이면서 통화하는 것이 꿈이던 시절이 있었다. 가상 현실에서나 나올 법한 일이었다. 그런데 휴대전화가 나와서 실현되어 버렸다. 빨리 움직이면서도 통화가 가능해진 것이다. 휴대전화에 이제는 카메라, TV, 메신저, 게임 등이 가능해진 스마트폰이 출시되었다.

그대 스마트폰이 좋은가? 편리하고 데이터 전송도 빠르고 좋을 것이다. 하지만 스마트폰은 장애물이 될 수도 있다. 왜 그럴까? 스마트폰이 일상화된 현재에 스마트폰을 내려두고 살기는 어려운 일이다. 하지만 그대는 스마트폰에 매몰되어 있지 않은가? 스마트 폰을 놔두고 한 번 생활해보라.

길을 걸을 때에도, 버스를 타고 지하철을 타도 그대 스마트폰에 서 손을 떼지 못한다면 그대는 스마트폰 없이는 살기 어려워진 것 이다. 왜 스마트폰을 때로 내려두어야 할까?

스마트폰이 제공하는 세상은 그렇게 매력적이지 않다. 스마트폰 기기 한 대로 여러 가지 일들을 빨리 처리할 수 있게 된 것은 좋지 만 사람답게 살아가는 데는 더 어렵게 한다. 사람들끼리 얼굴을 꼭 보지 않아도 스마트폰이 제공하는 인터넷으로 바로 연락할 수 있기 때문이다.

또한 스마트폰 내에서 즐기는 게임은 중독으로까지 이어질 수 있다. 그대 스마트폰보다 더 똑똑해져라. 스마트폰이 그대의 일상 을 지배하게 두지 마라. 스마트폰이 없을 때 그대의 삶이 안절부 절 하다면 그대는 이미 스마트폰에 길든 것이다.

하루만이라도 스마트폰을 내려두고 캠퍼스를 걸어보라. 그대는 늦게 살고 다른 사람들은 빠르게 사는 것처럼 보일 것이다. 처음에는 조급할 것이다. 평소에 쓰던 인터넷, 평소에 대화하던 메신저, 평소에 하던 게임 이것들이 그대에게서 멀어지게 하라.

그리고 그대 자유로운 사람이 되어서 사색하며 걸어보라. 대학 4년은 짧으면 짧고 길면 길다. 스마트폰에 길든 시간이 되게 하지 말아야 한다. 스마트폰을 하고 나면 공허해질 때가 있다. 많은 것을 했다고 여겼는데 끝나고 나면 별로 한 것이 없는 것처럼 느껴지는 것이다.

사실 스마트폰 없이 살아도 별로 문제가 되지 않는다. 인터넷은 집에 가서 쓰면 된다. 또는 캠퍼스 내에서 쓸 수 있다. 문제는 스마트폰이 주는 속도감과 편리성에 익숙해지는 것이다. 스마트폰이 주는 속도감은 그대의 사색을 가로막는다.

그대 궁금한 것이 있을 때 사색해보는가? 아니면 스마트폰을 들고 네이버 홈페이지에서 검색하는가? 아마도 후자라면 이제부터라도 검색하기 전에, 스마트폰에 의존하기 전에 사색해보는 사람이 되기를 바란다. 그대만의 사색은 스마트폰이 가져다줄 수 있는 것이 아니다.

어떤 사람은 휴대전화를 내려놓고 산다. 가지고 다니지 않는 것이다. 왜일까? 매이고 싶지 않은 것이다. 휴대전화를 내려놓고 살면 훨씬 자유롭다. 처음에는 불편하지만 전화 연락도 유선 전화를 쓰면 된다.

그렇다고 스마트폰을 내려놓고 살아야 한다고 말하는 것이 아니다. 스마트폰은 그대에게 장애물이 될 수 있다는 것이다. 가능하다면 스마트폰과 적절한 거리를 두기를 바란다. 스마트폰이 그대의 시간을 독점하지 않게 하라. 한 번은 지하철을 탔는데 어떤 풍경을 보았는지 아는가? 앉은 자리가 있는 줄과 맞은 편 줄에 있는 사람들 대부분이 고개를 아래로 숙이고 있었다. 저마다의 스마트폰에 열중하고 있었다. 게임을 하는 사람도 있지 않았을까?

스마트폰은 사람을 끌어들인다. 집중하게 한다. 한 달에 며칠이라도 스마트폰을 두고 나가보라. 스마트폰 없는 세상이 오히려 더 자유로울 수 있다. 스마트폰 없이 길을 걸어보라. 어떤 전화 연락에도 매이지 않을 수 있다. 그대가 잠깐 본 하늘의 아름다운 풍경을 스마트폰 카메라에 담아두어야겠다고 바로 꺼내서 찍는 것 대신에 그러한 아름다움 풍경을 그대의 가슴 속에 담아 두라.

스마트폰 대신에 책을 집어들기를 바란다. 책을 읽으며 생각하기를 바란다. 사색하며 그대의 인생을 들여다보기를 바란다. 스마트폰은 그대의 시간을 오래도록 점유할 것이다. 스마트폰보다 책이 그대의 친구가 되게 하라. 스마트폰은 사색과는 잘 어울리지 않는다. 스마트폰으로 전자책을 읽을 수도 있겠지만 스마트폰이 제공하는 공간은 좁다. 대학 캠퍼스를 누비는 4년 동안 스마트폰보다 책과 더 가까워지기를 바란다. 그대의 대학교 4년이 아닌 인생 40년을 살아가는데 스마트폰보다는 책이 더 유용하다.

14

군대는
플러스인가,
마이너스인가?

대한민국에 태어난 이상 남자는 병역의무를 져야 한다. 남한과 북한이 대치하고 있는 특수한 상황 때문이다. 군대가 있고 입대하는 사람들은 훈련을 받아야 한다. 그대 대학교에 다니는 동안 군대는 어떻게 해야 할지 고민이 될 것이다. 주변 사람들에게 되도록 이미 군대에 다녀와 본 선배들에게 물어보는 것도 좋다.

그들은 되도록 군대에 빨리 가라고 한다. 대체로 대학교 2학년 때 많이 간다. 왜 그럴까? 나중에 걸림돌이 될 수 있기 때문이다.

그대가 대학교 4년을 공부하고 나서 취업하려고 할 때 군대에 다녀오지 않았다면 적잖이 당황할 것이다. 취업할 때 대부분 회사는 군필자를 채용하려고 하기 때문이다. 미리 알아두어야 한다.

생각해보라. 군 미필자를 뽑았는데 도중에 군대에 간다고 하면 회사의 입장에서는 손실이다. 그래서 군필자를 조건으로 제시한다. 이럴 때 미필자들은 채용에 지원조차 할 수 없게 된다. 하지만 원하는 길이 따로 있다면 늦출 수도 있는 일이다. 그대가 만약에 공부를 더 하는 쪽을 선택한다면 다른 길이 있다. 대학원을 진학하는 길이다. 대학원에 가서 석사학위 이상을 받으면 전문연구요원이 되는 길이 있다. 이공계에 한해서다. 또한 의대 법대 쪽에도 고시에 합격하고 나면 특성을 살려서 군 복무를 할 수 있다.

나는 후자의 길을 택했다. 국책연구소에 취직해서 전문연구요원이 되었고 3년 동안 일하면서 복무했고 육군 훈련소에 가서 4주 동안 훈련을 받았다. 지금 생각해보면 군대에 갈까 말까 고민하던 대학교 2학년 때가 떠오른다. 휴학했던 때였다. 가끔은 그때 군대에 갈 걸 하는 생각을 한다. 하지만 이미 병역을 이행한 지금에서 보면 전문연구요원으로 복무한 것에 만족한다. 혜택을 받았기 때문이다.

그대 길은 한 가지만이 아니다. 이후까지 생각해보아야 한다. 대학 4년 만이 아니라 이후를 포함한 10년 그리고 40년까지 생각해보라. 그대가 만약에 공부를 계속하고 싶은 의지가 강하다면 공부를 계속하면서도 병역을 해결하는 방법을 찾아보라. 주변에 길은 있다. 시급하게 생각할 일은 아니다.

대학교에 다니는 중에 군대에 가는 것은 작은 일이 아니다. 공부를 도중에 중단해야 하기 때문이다. 지나와보니 주변에서는 대체로 대학교 2학년 때 군대에 많이 갔던 걸로 기억한다. 1학년 때는 많이 놀고 2학년 때 군대 갔다 와서 열심히 공부하려는 계획을 세우고 가는 사람도 있었을 것이다.

내가 지금까지 병역과 관련해 직간접적으로 겪어본 바로는 군대에 가는 것은 플러스도 될 수 있고 마이너스도 될 수 있다. 군대에 가는 당사자가 하기 나름이다.

군대 가는 것을 대부분 시간 손실이라고 생각하는 것 같다. 군대에 정말로 적응하기 어려운 성향의 사람은 말 그대로 군대에 끌려가는 것이다. 오래전에는 기간이 3년이었고 거기서 2년으로 변경되었다가 현재는 1년 9개월이다. 육군의 경우다. 해군과 공군은 더 길다. 대학교 4년 사이에 선택을 해야 한다. 그대 가능하다면 부딪혀보는 적극적인 마음으로 군대에 가라. 또는 적극적인 자세로 군 병역을 해결할 수 있는 다른 혜택의 길을 찾아라. 그것이 도중에 힘들든 편하든 좋다고 생각한다.

군대의 장점으로는 체력 단련을 들 수 있다. 집에서 편하게 생활하는 것과 대학교에서 여유롭게 다니는 것과는 확연히 다르다. 몸이 강인해진다. 플러스다. 나는 육군훈련소 4주 기간만 겪어보았고 갔다 온 사람들을 지켜보았다. 그래서 자대에 배치받은 다음에 얼마나 힘들게 훈련하는지 잘 알지 못한다. 하지만 군대를 적극적인 마음으로 가는 것과 때우려고 가는 것에는 확연한 차이가 있다는 것을 안다.

또한 군대 내에서 다양한 출신의 사람을 겪는다. 아마도 군대에서 가장 힘든 것은 훈련이 아니라 사람이 아닐까? 특정 사람이 어떤 후임병을 집중적으로 괴롭히면 그 후임병은 군대생활 하기가 어려운 정도가 아니라 괴롭다. 주변에서 군대에서 괴롭힘당한 얘기들을 들은 적이 있다. 한 친구는 자기가 선임병에게 당한 게 있으니 자기도 선임병이 되면 후임병에게 그렇게 해주려고 하는데 어떠냐고 물어 오길래 너는 그렇게 하지 말라고 조언한 적이 있었다. 대학교 도중에 군대에 갔던 친구였다. 군대에 가면 인성이 나빠질 수 있는 염려도 있겠다고 느꼈다. 마이너스다.

이보다 더 큰 마이너스는 시간 손실이다. 20대의 젊은 시기에 2년에 가까운 시간은 짧지 않다. 어떻게 하면 될까? 후임병 때는 군대에서 자유롭게 책을 볼 수도 없다. 허락하지 않을 것이다. 군대에 갔다가 제대하고 대학교에 복학한 사람들은 책과 거리감이 있다. 다시 공부하는데 어려움을 겪을 것이다. 이것도 마이너스다. 하지만 군대를 겪어본 사람은 어려운 훈련을 받아본 사람들은 대학교와 사회를 살아가는 데 있어서 훨씬 더 남다른 의지가 있다고 본다. 플러스다. 대체로 복학생들이 공부를 더 열정적으로 하고 더 좋은 성적을 거두는 이유라고 본다.

군대는 사회다. 그것도 특수한 사회다. 계급 사회이기 때문이다. 명령에 따라서 움직여야 하는 곳이다. 자율성과 개방성은 적다. 주어진 훈련 일정을 잘 소화해야 한다. 군대를 애국심으로 가는 사람들은 적다고 본다. 의무로서 가는 것이다. 안 갈 수 없으므로 가는 것이다. 그래도 갔다 오면 남자로서 병역을 이행했다고 자부할 수 있다. 플러스가 된다.

군대 때문에 고심하는 사람이라면, 몸이 허약해서 군대 훈련을 이겨내기 쉽지 않다고 본다면, 또는 대인 관계를 잘하지 못해서 군대 내에서의 엄격한 상하 관계에 어려움을 겪겠다고 생각한다면 다른 방향으로 군대 문제를 해결할 방법을 찾아보라. 나는 군대 갈 시기를 놓쳐서 30대가 넘어서 그것도 현역으로 군대에 간 사람을 보았다. 안타까운 경우였다. 대개 20대 초반에 군대에 가서 훈련받는 것을 생각하면 10살이나 더 어린 선임병들에게 존댓말을 써가며 훈련받아야 하는 남다른 어려움이 있다. 그리고 그렇게 되면 군대에 갔다 와도 사회 속에서 자리를 잡기가 더 어려워진다. 생각해보라. 무슨 일을 하다가 도중에 자리를 2년 가까이 비워야 하니 말이다. 그럴 때 군대는 큰 마이너스가 된다.

가끔 군대에 갔다가 체질에 맞아서 남는 사람들을 볼 때도 있다. 공부해서 부사관 시험을 보는 것이다. 하지만 실제로는 체질보다는 대체로 먹고살기 위해서 남는 것인데 군대에 가서 훈련받고 자신과 잘 맞기 때문에 그 길을 개척해서 직업 군인이 되었다면 군대 기간이 플러스인 셈이다. 적어도 군대를 싫어하는 사람이 부사관이 되려고 하지는 않을 테니 말이다.

대한민국은 아직 징병제다. 언젠가 모병제가 될지도 모르겠다. 그렇다면 그대 대학생들은 군대를 선택하게 되고 군인으로서 복역하고 월급도 적지 않게 받을 것이다. 하지만 현재 이등병부터 병장에게 주어지는 월급은 매우 적다. 마이너스다. 월급이 많다면 훈련을 잘 받는 동기 부여도 되고 군 복무를 더 적극적으로 할 것이다. 일부는 군대에서 버는 돈을 모아서 목돈을 마련해서 제대할 수도 있을 것이다. 하지만 예산 문제로 쉽지 않은 일이니 그대 돈보다 월급보다 더 나은 것들을 만들며 군대생활을 적극적으로 보내라. 아마도 병장 정도부터는 자유롭게 책도 볼 수 있을 것이다.

군대에 갔다가 대학교로 복학하기 전에 병장 때부터 책을 읽으며 공부한 사람과 그렇지 않은 사람은 차이가 있다. 가능하다면 그때 전공 공부를 해두는 것이 좋다. 아무래도 그냥 대학교에 오면 뒤처지기 때문이다. 생소하게 느껴질 수도 있다.

군대에 가는 것은 그대의 선택이다. 혜택을 받는 길도 있다. 신중해야 한다. 군대에 가는 것을 남자다워지는 것에 비유하기도 한다. 혼자 꿋꿋하게 힘든 일을 맞닥뜨리며 헤쳐나가야 하기 때문이다. 그리고 군대에 가는 것뿐만 아니라 혜택을 받으며 다른 길로 국가에 기여하는 방법도 있다.

15

4학년 때는
가는 방향을
결정하라

그대 막막함을 겪어본 적이 있는가? 어떻게 할 방법이 없어서 어쩔 줄 몰라 했던 기억 말이다. 나는 막막했었다. 대학교 4학년 때였다. 대학생활은 졸업을 향하고 있는데 이다음에 어떻게 해야 할지 방향이 잡혀 있지 않았다. 성적을 잘 준비해둔 것도 아니었고 취업하고 싶은 대기업이 있는 것도 아니었다. 그렇다고 4학년 때를 허투루 보낸 것은 아니었다. 다른 학년 때보다 더 많이 공부했었다. 그대는 나와 같이 막막해지는 때를 만나지 않기를 바란다.

4학년 때는 조바심이 나는 시기다. 이때쯤이면 졸업 후에 무엇을 해야 할지 방향이 잡혀 있어야 한다. 그렇지 않으면 자신이 의도하지 않은 방향으로 나아갈 것이다. 어쩌면 대학교 4년의 마지막 시기에 인생의 40년 방향을 결정지을 수도 있다.

예전 같으면 한 회사에 취직하면 걱정 없이 60세 정년까지 일할 수 있었다. 안정적이었다. 하지면 현재는 그렇지 않다. 50대를 넘기도 어렵다. 40대까지 일하고 기업을 떠나기도 한다. 그대 앞으로의 시대에는 대학교 4년을 마치기 전에 앞으로의 40년을 생각해 보아야 한다. 어떤가? 먼 시간이니 그렇게 생각하지 않아도 된다고 여기는가? 아니면 아직 겪어본 것이 아니라서 무감각한가?

한 직업을 가지면 대체로 10년 넘게 일한다. 예전에는 평생직장이라고 해서 30년, 40년 일하고 퇴직하는 예가 많았다. 이제는 시대가 바뀌었고 한국의 경제구조도 많이 달라졌다. 그대가 대학교 4학년 때 결정하는 방향은 앞으로 40년의 방향을 결정지을 것이다. 평생직장이 사라진 대신 제2의 취업, 제3의 취업을 준비하고 대비해야 한다.

대학교 4학년 때는 그대가 무엇을 하며 살아갈 것인지 스스로에 대해서 많이 생각해보아야 한다. 졸업 이후에 취직 준비를 잘할 것인지 아니면 남다른 아이디어로 창업을 해볼 것인지 아니면 자영업을 할 것인지 나름대로 계획을 세우고 있어야 한다. 취직을 염두에 두고 있다면 어떤 곳에 가서 일할 것인지, 가고 싶은 곳은 어디인지 미리 결정해두라. 그렇다고 해도 가고 싶은 곳에 다 갈 수 있는 것은 아니다. 단지 가능성만 높아지는 것이다. 2010년대를 넘어선 지금 취업난, 구직난이 그만큼 심하기 때문이다. 그래서라도 더욱 미리 준비하라. 미리 대비한 사람이 경쟁에서 우위에 서게 될 것이다.

나는 국책연구소에서 3년 2개월 동안 일해보았다. 직장 생활을 해본 것이다. 그리고 알게 되었다. 직장 생활은 그다지 즐겁지도 않고 행복하지도 않다는 것을 체감하게 되었다. 돈을 벌기 위해서 다녔고 전문연구요원 복무를 위해서 다녔다. 아마도 꿈 같은 직장은 찾아보기 어려울 것이다. 그래도 돈만 벌기 위해서 직장을 다니는가 하는 체념 섞인 푸념이 안 나오게 하려면, 그대의 가치를 발산시킬 수 있는, 그대만의 가치를 만들어낼 수 있는 곳을 직장으로 선택하라. 그렇지 않으면 오래가기 어렵다. 직장 생활 3년 차를 겪으면 직장 생활이 때로 따분하고 때로 힘들다는 것을 알게 된다. 시간이 지날수록 일보다는 사람 문제가 더 어렵다. 어느 직장에서도 그대에게 맞춰주지 않을 것이다. 그대가 맞추어나가는 것이 현명하다.

대학교 4학년 때 아는 사람이 있다면, 인맥이 된다면 직접 직장 생활을 하는 사람들에게 물어보고 조언을 구하라. 아마 먹고살기 위해서 힘들어도 참고 직장생활 하는 사람이 대부분일 것이다. 직장생활을 하는 사람들에게 물어봄으로써 그대가 저지를 수 있는 실수를 줄일 수 있다. 한 가지 실수만 줄여도 그대는 막막해지는 경험을 하지 않아도 된다.

처음에는 돈을 벌 수 있는 즐거움에 직장생활이 좋다. 아무래도 대학교에 다니는 동안에 대학원 기간에도 수백만 원의 돈을 벌어 본 적은 없기 때문이다. 직장인들에게 월급은 달콤하다. 직장 생활을 하는 직접적인 이유는 돈을 벌기 위해서이겠지만 돈만이 아닌 다른 무언가가 있어야 한다. 그렇지 않다면 그대 취업하더라도 오래가기 어렵다.

출근해서 일하고 퇴근하고 그렇게 일상을 반복한다. 실제다. 주어지는 일들을 잘 처리해야 한다. 일하는 사람들 사이의 신경전도 있다. 그대가 대학교를 떠나기 전에 직장 생활에 대해서 미리 간접적인 경험을 해둔다면 훨씬 더 유리해질 것이다. 그렇게 하려면 주변에 있는 사회에 먼저 진출한 선배들에게 물어보는 것이 좋다. 그들의 경험담을 듣고 취합해본다면 그대가 가려고 하는 길은 더 탄탄해질 것이다.

취업이 아니라 공부를 더 하고 싶은 사람은 대학원을 선택할 수도 있다. 대학원 학위과정을 선택하는 것이다. 더 오래 공부하는 경우이지만 학위를 받으면 경쟁 우위에 서게 되는 장점이 있다. 나는 대학교 4학년 말에 막막했을 때 대학원을 선택했었고 만족스러웠다. 학부과정 때보다 더 열정적으로 공부하고 일했기 때문이다. 또한 동시에 군대 문제를 해결할 길을 찾을 수 있어서 좋았다.

대학교 4학년 때는 먹고살 길과 함께 그대 인생의 방향을 결정

 나는 힘든 청춘들에게 힘이 되고 싶다.

하라. 그리고 그 길을 잘 가기 위해서 노력하라. 남들이 가는 길이
라고 해서 막 몰려가는 일은 하지 마라. 대학 4학년이라는 시기가
그대를 조바심 나게 그리고 염려하게 하겠지만 그대가 원하는 것
이 무엇인지, 얻고 싶은 직장이 어디에 있는지 방향이 잘 서 있다
면 조바심은 줄어들 것이다.

취업 때문에 졸업을 미루는 4학년이 많다는 뉴스를 들은 적이
있다. 나쁘다고 할 수 없다. 졸업 후에 바로 취업하지 못하면 1년,
2년씩 유예되고 그렇게 되면 취업 시장에서 매력을 잃게 되고 그
러면서 취업은 더 어려워지기 때문이다. 그들도 노력했겠지만 얼
마나 막막하겠는가? 등록금을 더 내면서까지 대학 재학생 신분
을 유지하려고 하는 것이다. 그렇지만 그들은 아마도 자신들이 무
엇을 하고 싶은지, 가고 싶은 곳은 어디인지 미리 잘 준비하지 못
한 것은 아닐까?

주변에서 취업하려고 이력서를 100군데도 더 넘는 회사에 냈다
는 말을 들은 적이 있다. 그대 막무가내로 100곳을 선택하지 말고
그대가 일하고 싶은 곳과 그대가 갈 수 있을만한 곳을 잘 살펴보

고 선정해서 전략적으로 준비하라. 100 곳이 넘는데 이력서를 낸 그 친구는 결국 아무 곳에도 취직하지 못했다. 왜일까? 남들보다 나은 매력을 주지 못했기 때문이 아닐까?

구직자가 넘쳐나는 오늘날 불경기, 저성장 시대라는 현실에서 그대만의 매력을 나타낼 수 있기를 바란다. 그대가 잘 준비한 독특한 매력의 자기소개서 한 장이 남들과의 차이를 만들어낼 수도 있다. 자신만의 독특한 매력이 무엇인지 잘 살펴서 대학교 4학년의 시기에는 20대의 10년을, 길게는 40년의 방향을 결정지어야 한다.

16

대학원 진학은
날개가
될 수 있다

공부에 매력을 느끼는 사람들이 있다. 알아가는 즐거움이다. 그대 혹시 공부를 좋아하는가? 공부할 때가 즐거운가? 대학교 4년 동안 전공 공부를 하고도 부족함을 느낀다면 대학원 진학을 생각해보라. 그대에게 큰 매력을 가져다줄 것이다. 대학원 진학은 날개가 될 수 있다. 전문성을 키울 수 있기 때문이다.

취직을 하더라도 학부에서 공부를 마친 사람과 대학원에서 학위를 받은 사람과는 차이가 크다. 월급에서도 그렇다. 그뿐만 아니라 일에서도 그렇다. 대학교 학부 과장만 나온 학사들은 전문성이 높지 않다. 하지만 이에 반해서 대학원에 진학해서 석사학위를 받고 박사학위를 받으면 높은 전문성을 인정받을 수 있다.

회사에서도 전문성 있는 사람을 좋아한다. 석사급, 박사급 인력을 채용하려고 한다. 그대 대학교 4년이 아닌 40년을 생각한다면 적어도 석사학위까지는 생각해보는 것이 좋다. 대학교를 졸업한 사람들과 차별성을 가지는 것이다. 그런 의미에서 대학원 진학은 일종의 무기를 만드는 것이라고 할 수 있다. 취업 전쟁에 들고 나갈 수 있는 유리한 무기 말이다.

그대 혹시 회사에 취직해서 주도적으로 일하고 싶은가? 그렇다면 대학원에 진학해서 더욱 깊게 공부하고 보다 폭넓게 공부해서 논문도 쓰고 전문성을 키우도록 노력하라. 대학원에서 쏟는 석사과정 2년 그리고 박사과정 5년의 시간은 손실이 아니라 그대의 인생에 기회가 될 것이다. 그대가 대학원에서 연구한 산물들은 인정받을 것이고 회사에 취직해서도 일할 때 참고사항이 되며 그대의 전공에 맞춰서 일할 수도 있으니 일하는 데 있어서 날개를 다는 일이 될 수 있다.

상대적으로 대학교 학부과정만 공부하고 졸업한 사람들에게는 특정한 전문성을 기대하기는 어렵다. 회사에 가서도 주어지는 일만 해야 할 가능성이 더 크다. 대졸 신입자들은 배치되는 부서에서 주어지는 업무에 숙련되어야 하고 주도적으로 일을 개척하며 해나가기는 어렵다.

대학원에 가면 학부과정보다 더 세부적으로 공부하고 연구한다. 다른 많은 학자의 연구 결과인 논문을 읽고 검토하며 공부한다. 또 일부 대학원 과정에서는 프로젝트를 수행하기도 한다. 그렇게 하면서 그대는 점차 연구 역량을 키울 수 있게 되고 회사에 가서도 프로젝트를 수행하는 데 그대의 연구 경험을 활용할 수 있게 된다.

어떤 사람은 대학원에 가기 싫어한다. 대학교 4년 동안 공부하는 것도 힘들었는데 무슨 2년씩이나, 석사와 박사를 합해 7년씩이나 공부를 더 하느냐고 말이다. 그리고 빨리 취직해서 돈을 빨리 벌기를 원한다.

그대 멀리 생각해보라. 장기적으로 볼 필요가 있다. 20대에 빠른 취업도 중요하지만 앞으로 40년 동안 일을 해야 할 텐데 그 긴 시간 동안 날개를 한 개 더 가지고 무기를 한 개 더 가지고 살아가는 것이 좋지 않을까?

각자가 선택해야 할 일이다. 대학원 과정을 간다고 다 좋은 것만은 아니다. 조심해야 하는 부분이 있다. 특정 분야를 연구하게 되면 나중에 취업하는데 지원 분야에서 제한을 받기도 한다. 그래도 취업하게 된다면 더 나은 대우와 더 나은 대가를 받을 것은 분명하다. 40년 중에 많은 시간 동안을 더 많은 기회를 가질 것이다.

또한 사회적으로 더 인정받게 된다. 나는 대학원에 진학해서 석사과정까지 공부했고 공학 석사학위를 받았다. 시간이 지날수록 알게 되었다. 대학교까지만 공부한 사람들에게 대학원에서 학위를 받은 사람들은 더 높아 보인다는 사실을 말이다. 그대 공부에 대한 욕심이 있다면, 그대가 느끼는 것보다 더 만만치 않은 취업 현실에서 경쟁우위에 서고 싶다면, 대학원 진학을 고민해보라. 수 년을 투자해서 수십 년의 더 나은 열매를 거두는 길이다.

대학교에서 교수가 되고 싶어 하는 사람들이 있다. 교수는 사회적으로 인정받는 직업이다. 돈을 그리 많이 버는 것은 아니지만 독자적인 연구를 진행할 수 있고 학교 안에서 대학생들을 가르치며 가치 있는 인생을 살 수 있다. 교수라는 직업에 매력을 느끼는 사람들은 대학원 진학을 선택해야 한다. 석사를 거쳐서 박사학위까지 받고 대개 회사 등지에서 경력을 쌓고 교수 채용공고가 났을 때 지원하면 된다.

내 경험에 비추어보면 대학원 진학은 일종의 모험이라고 본다. 대학원에 진학한다고 더 나은 취직이 보장된 것은 아니지만 또 다른 경쟁의 선상에서 연구를 진행하고 학위과정을 이수하고 나면 날개를 달 수 있다. 나에게는 모험이었고 더욱 잘하고 싶어서 대학원생이었지만 독자적인 연구를 진행했었고, 학위논문을 혁신적인 주제로 잡아서 영어로 썼고 양도 준 박사학위 논문에 가깝게

100쪽 넘게 썼었다. 좋은 주제의 논문을 써서 외국사람도 읽을 수 있게 하고 경쟁력을 가지고 싶었기 때문이다. 나중에 국책연구소에 전문연구요원으로 취직하는 데 매력 포인트가 되었던 것으로 짐작한다.

대학원은 반 학교이고 반 사회이다. 그대 대학원에 취직하는 것이다. 일하는 것이다. 연구원 대접을 받지만 현실에서는 그렇지만은 않다. 그래도 연구비가 지원된다. 프로젝트를 수행하거나 하면 더 많은 연구비를 받을 수도 있다. 그대 대학원에 진학하면 프로젝트를 잘 수행하라. 그대 연구의 열매이고 경쟁력이 된다. 강의만 같이 듣는 대학교 학부 때와는 달리 대학원에 진학하면 연구실에 나가서 사람들과 함께 공부하고 세부적으로는 개별적으로 또는 함께 연구를 진행한다. 사람들과 잘 지내야 한다. 하지만 실제로는 사람들과 함께 지내는데 어려움도 있을 수 있다. 바로 이 점이 그대가 나중에 취직하고 사회에 나가서 일할 때에 비하면 거의 반 사회라고 하는 것이다. 미리 사회를 겪어보는 것이다.

대학원 과정을 공부한 사람은 회사에 취직해서도 연구원으로 일할 가능성이 높다. 석사와 박사들로 이루어진 그룹 말이다. 연구 부서에 배치되어서 일하는 것은 좋은 일이다. 전공 역량을 살릴 수 있을 뿐만 아니라 개별적인 연구도 계속 진행할 수 있다.

그대 대졸 신입자는 회사에 취직해도 전문성을 살리기 어렵다는 것을 분명히 알아야 한다. 그리고 적성에 맞는 일을 찾는 것은 훨씬 더 어렵다는 현실도 알아야 한다. 주어지는 일에 맞춰서 자신을 개선해나가고 자신을 일에 익숙해지게 만드는 것이다. 그런 측면에서 생각해본다면 그대 대학원 진학을 꿈꿔보라. 그대에게 날개가 될 수 있다. 긴 인생을 살아가는 데 있어서 주도적으로 일할 역량을 키울 기회가 될 수 있다.

17

외국 대학
유학기회를
잡아라

대학교에서 공부하다 보면 외국 대학에 대해서 한 번씩은 생각해볼 것이다. 흔히 미국 동부의 명문 아이비리그 대학들에 대해서다. 하버드, 예일, MIT, 프린스턴 대학 등이다. 물론 미국 서부에도 스탠퍼드, UC 버클리 대학 등 좋은 대학들이 있고 미국의 주립대도 경쟁력이 좋다.

그대 유학을 떠나고 싶지 않은가? 기회가 된다면 유학을 떠나라고 말하고 싶다. 유학은 그대에게 여러 가지 열매를 가져다줄 것이다. 아무래도 유학을 가면 멋져 보인다. 하지만 유학을 가더라도 유학에 대해서 잘 알고 가야 한다.

그대 이미 한국에서 대학에 다니고 있다면 유학을 떠날 기회를 만들어보라. 크게 대학 학부 재학 중에 떠나는 것과 대학원 진학 시에 떠나는 것이 있을 텐데 나는 후자 쪽을 더 좋게 본다. 왜 그럴까? 유학은 쉬운 일이 아니다. 학비도 비싸고 소요되는 비용이 만만치 않다. 미국은 일 년에 들어가는 비용이 학비만 3만 달러를 넘는다. 생활비를 포함하면 5만 달러 가까이 들어간다. 대학생 처지에서 마련하기 어려운 큰돈이다.

대졸 신입자로 대기업에 취직하더라도 그만한 돈을 벌기 어렵다. 그리고 공부는 일 년만 하는 것도 아니고 수년 동안 해야 하는데 그러면 돈은 더 많이 필요해진다. 그래서 더욱 대학교 때 유학은 피하기를 바란다. 석사학위 과정의 2년만 유학할 것인지 아니면 박사학위 과정의 5년 정도를 유학할 것인지 방향이 서 있어야 한다.

유학은 그대에게 차별성을 가져다줄 것이다. 국내 대학들보다 더 좋은 대학들이 미국에는 많다. 그리고 미국뿐 아니라 중국과 일본에도 있고 유럽 쪽도 생각해볼 수 있다. 그대 확실한 차별성을 가지려면 유학을 해서라도 높은 성적을 거두어야 한다. 유학해서 장학금을 받을 수 있다면 더할 나위 없이 좋을 것이다. 장학금도 학부과정보다 대학원 과정에서 더 많이 받을 수 있다.

집안에서 자금 지원을 해줄 수 있다면 그대 대학교 도중이라도 유학을 떠나라. 한국에서 외국어로 의사소통이 잘되지 않았던 사람은 유학 가면 강의를 잘 알아듣기 어려울 것이다. 무엇보다 어학 준비가 잘 되어 있어야 한다. 그대 토익 점수가 잘 나온다고 자만하지 마라. 토플 점수가 잘 나온다고 만족하지 말라. 그리고 GRE 점수가 충분하다고 마음 놓지 말라. 예를 들어서, 미국 쪽 대학이라면, 강의를 듣는 내내 영어로 과제를 준비하고 영어로 발표해야 한다. 언어 면에서 원어민들에게 경쟁력이 떨어지는 것이다. 그러면 좋은 성적을 거두기 어렵고 그대는 뒤처지기 쉽다.

흔히 유학하면 멋져 보이기도 하고 다 좋을 것 같지만 실상은 그렇지 않다. 유학해서 공부를 잘하지 못했다면 국내 대학에서 좋은 성적으로 졸업하는 것보다 못할 수도 있다. 외국의 명문대학은 상대적으로 제외다. 그렇더라도 유학을 해서는 공부를 더 잘할 각오가 되어 있어야 한다. 외국에서 나고 자란 원어민 수준의 언어 구사 실력이 되지 않는 사람이라면 되도록 대학교 때가 아닌 대학원 진학 때 외국 유학을 생각해보기를 바란다. 그대에게 유리할 것이다. 그리고 유학 비용을 마련하기 어려운 사람은 외국 대학의 대학원에 지원 시 장학금을 지원받으면 된다. 또는 그렇게 하지 못하면 국내에서 대학교 졸업 후 회사에 취직한 다음에 몇 년 동안 일해서 돈을 벌고 자금을 모아서 준비하면 좋을 것이다. 그렇더라도 여유로운 자금을 마련하기는 어렵다고 보아야 한다.

나는 아무래도 장학금을 받고 유학을 가는 것이 가장 좋다고 본다. 외국에서 인정도 받을 뿐 아니라 현실적으로 돈이라는 압박에서 벗어날 수 있기 때문이다. 그대 장학금을 받고자 한다면 국내 대학 때 학부과정에서 공부를 잘해야 한다. AO 이상의 학점은 만들어두는 것이 좋다.

유학은 두려운 일이다. 모험이기 때문이다. 그리고 유학은 꿈이기도 하다. 어떤 사람에게는 유학하고 나서 국내로 돌아온 다음에 교수가 되고 싶은 꿈이 있을 것이다. 국내 대학교에서는 국내에서 박사학위를 받은 사람보다 외국 대학에서 박사학위를 받은 사람을 선호하는 경향이 뚜렷하다. 그대라면 그렇지 않겠는가? 훨씬 어려운 과정을 겪은 사람이기 때문이다. 하지만 국내에서 박사학위 과정을 가더라도 좋은 연구를 보여줄 수 있다면 경쟁력이 있다. 인생에서 대학교수가 되는 것이 꿈인 사람이라면 유학을 생각해볼 필요가 분명해진다. 매력적인 일이다.

흔히 대학원 진학 시에 유학을 잘 간다. 기본적으로 자기소개서와 영어로 학업을 할 수 있을 것인지를 가늠하기 위해서 요구하는 토플 성적과 GRE 성적이 필요하고, 외국 대학교에서 진행하는 대학원 진학 시즌쯤에 특정한 교수님의 연구실에 미리 연락을 취해서 좋은 연구실을 잡아두어야 한다.

그대 좋은 연구실보다 대학교의 이름만 기대하고 간다면 유학을 가지 말라. 대학교를 졸업하고 나면 어떤 학교를 나왔는가보다 그대가 무슨 연구를 했는지가 더 중요할 때가 있다.

　대학원은 연구 과정이다. 주어진 기본 과정 과목들을 이수하고 프로젝트를 수행하고 또 학위 논문을 써야 한다. 진학 시에 장학금을 받지 못했더라도 진학한 다음에 꾸준하게 시도해보라. 담당 교수님의 재량 하에 장학금을 줄 수도 있다. 프로젝트 연구 인원에 포함된다면 장학금을 받을 수도 있다. 그리고 대학원에서 줄 수도 있는데 TA(Teaching Assistant)와 RA(Research Assistant)로 나뉜다. TA는 그대가 담당 교수님의 강의를 듣는 학부생들에게 조교로서 공부를 가르쳐주고 받는 장학금이고, RA는 연구실에서 연구 조교로 활동하며 받는 장학금인데 이 중에서 RA를 받으면 큰 도움이 된다. 대학원 진학 시에 장학금을 받지 못했더라도 대학원 때 노력해서 TA든 RA든 받으면 된다. 그리고 대학원에서 장학금을 받고 연구를 한 이력은 졸업 후에도 어필할 수 있는 장점이 된다.

　유학은 꿈같은 일이고 그대에게 성공을 보여줄 것 같지만 꼭 그렇지는 않다. 그래서 유학은 일종의 모험이다. 국내 대학교에 다니는 사람들에게는 잘 드러나지 않겠지만 다양한 실패 사례들이 존재한다. 그런 사실들을 미리 알고 있다면 더욱 조심할 수 있을 것이고 유학의 성공률을 높일 수 있을 것이며 그대는 유학을 하고 나서도 웃을 수 있을 것이다.

유학생들의 힘든 심정을 들여다볼 수 있는 곳을 추천한다. 홈페이지 주소는 http://www.gohackers.com이다. 유학 게시판을 찾아 들어가면 실제로 유학 중인 사람들의 질문과 답변 그리고 상담 내용이 나와 있는데 그대가 유학을 준비하는 데 유용할 것이다. 내가 국책연구소에서 일하며 유학을 고민할 때 들러서 많이 참고했던 곳인데 좋았다.

그대 만약에 대학원 과정 중에 교수가 바뀐다면 어떻게 하겠는가? 지도교수 말이다. 그대는 적지 않게 당황할 것이고 장학금을 받고 있었다면 장학금도 끊길 것이다. 그럴 때는 오도 가도 못하게 된다. 실제로 그런 일이 일어났었다. 심지어 박사학위 과정 중에 말이다. 그동안 들어간 노력과 돈은 물거품이 될 수도 있다. 어떻게 해야 할까? 학비를 낼 여력이 없는 당사자라면 대출을 생각해야 하는데 미국에서 외국인인 유학생에게 대출은 쉽지 않다.

유학을 생각하는 사람이라면 위의 경우까지 생각해보아야 한다. 유학은 일종의 투자다. 대학원 학위과정 또는 그 이전의 학부 과정까지 포함해서 돈이 막대하게 들어간다. 억대의 돈이다. 적어도 2억 원 이상은 마련해서 만약을 대비하고 가는 것이 좋다. 장학금을 받더라도 말이다. 그대가 학생 신분으로 감당할 수 있는 수준이 아니다. 이 경우는 대학원 과정 중에 다른 대학교의 다른 교수님을 다시 선택해서 옮겨가야 한다. 하지만 잘 옮겨가지 못한다면 그 사람의 유학은 물거품이 되고 만다. 다시 국내로 돌아오려고 해도 어렵다. 오도 가도 못하게 되는 것이다.

또한 박사학위 과정이 늦추어진다면 이는 그대의 능력이 부족한 것으로 비칠 수도 있다. 빠르면 4년 대개는 5년 늦으면 7년까지도 간다. 대학원 연구실의 교수는 학위를 빨리 주려고 하지 않는다. 그대가 일정한 과정을 이수하고 일도 하면서 어느 정도 시기가 되면 학위를 주려고 할 것이다. 대학원 연구실의 지도교수가 그대에게 학위를 늦게 주려고 할 때 그대에게는 학위를 일부러 지연시키려는 의도가 보일 때 그대는 역시 선택해야 한다. 연구실을 옮길지를 말이다. 어려운 문제다.

유학은 보장된 약속이 아니다. 그대 국내 대학교에서 공부하기보다 훨씬 어렵다. 만약의 경우 그대가 학업을 더 이어나가기 어려울 때 그대는 실패할 수 있다. 그대 실패하지 않으려면 잘 준비된 유학을 떠나야 한다.

유학이라는 꿈같은 단어 뒤에 잘 보이지 않는 그늘을 잘 보아야 한다. 가능하다면 그대보다 먼저 유학을 떠난 사람들에게 조언을 구해보라. 그들이 미처 알지 못했던 어려움을 그대는 겪지 않거나 줄일 수 있다.

나는 역으로 한국으로 공부하러 온 유학생들을 만날 수 있었다. 대학원생들이었다. 말을 잘 알아듣지 못하고 수업을 잘 따라가지 못하는 그들을 보며 안타까웠다. 중국인과 베트남인이었다. 경쟁에서 뒤처지는 모습이었다. 그들을 따로 불러서 전공 수업을 가르쳐주기도 했는데 대학원 과정에서 언어 소통이 쉽지 않으면 연구 활동에도 지장을 줄 수 있다. 그대 유학을 갈 때 언어 문제를 가볍게 보면 안 된다. 잘 알아듣지 못한다면 유학을 떠나지 말라. 그대가 다니는 대학교에서 잘하는 것보다 더 못할 수도 있다.

나는·힘든·청춘들에게·힘이·되고·싶다

PART 2

대학 4년이 아닌
40년을
봐야 한다

대학 4년에만
매이면
실패자가 된다

대학생활은 자유로워야 한다. 그리고 하고 싶은 일도 마음껏 할 수 있어야 한다. 하지만 대학교에 다니는 4년이라는 기간은 그리 길지 않다. 그래서 하고 싶은 일만 해서는 안 된다. 하고 싶은 일만 하다가는 실패자가 될 수도 있다. 대학교를 졸업한 후에 무엇을 해야 할지 모르는 것이다. 졸업한 후에 아무 일도 못하게 되는 것이다. 현실적으로는 취업에 실패하는 것이라 할 수 있겠다. 나는 대학교 때 실패자가 될 뻔했다. 군대도 갔다 오지 않았을뿐더러 하고 싶은 동아리 일에만 열중해서 많은 시간을 허비했고 매력적인 학점을 만들어 두지도 못했다. 만약 그때 그대로 취업에 나갔더라면 실패했을 가능성이 높다. 다행히 대학원에 진학해서 많은 부분을 만회했고 이후에 국책연구소에 전문연구요원으로 취직할 수 있었다.

'우물 안 개구리'라는 말이 있다. 그대는 들어본 적이 있을 것이다. 기분 좋은 말이 아니다. 우물 속에 있는 개구리는 딱 우물 면적만큼만 하늘을 볼 수 있고 다른 하늘의 모습은 볼 수 없다. 흔히 좁은 세상에 갇혀서 넓은 세상을 볼 수 없는 사람을 가리켜 하는 말이다. 그대 대학교 안에 갇혀서 우물 안의 개구리가 되지 말라. 그보다는 하늘을 누비는 독수리처럼 세상을 넓게 보기를 바란다.

나는 주변에서 대학교 안에서 뒤처지는 사람들을 보았다. 공부를 등한시하며 유유자적 노는 사람, 술을 좋아하며 강의에도 들어오지 않는 사람, 그리고 세상이 어떻게 돌아가는지 잘 알지 못하고 사회 속에서 무엇을 해야 하는지 잘 알지 못하는 사람 등이다. 세 부류 다 실패자가 될 가능성이 높다. 나는 세 번째 유형에서 70% 정도였다가 벗어났다. 그대는 혹시 그 속에 드는지 생각해보라.

　실패자가 되면 벗어나기가 쉽지 않다. "오늘 걸으면 내일은 뛰어야 한다."는 말이 있다. 많은 사람이 저마다의 내일을 위해서 뛰어가고 있다. 그렇다면 그들과의 경쟁 속에서 번듯한 직장, 번듯한 자기 자리를 쟁취하고 확보하려면 날아가야 하지 않을까?

　대학생이면 전공 공부로 바쁘겠지만 그래도 신문이나 뉴스를 자주 들여다보라. 세상 돌아가는 소식들을 들을 수 있다. 요즘에는 스마트폰도 일상화되었으니 네이버 홈페이지에서라도 많은 뉴스를 접하기를 바란다. 혹시 아는가? 그 속에서 그대의 인생에 큰 영향을 미칠 정보를 얻게 될지도….

　대학교 때 공부를 열심히 해서 좋은 성적을 만들어 두어도 실패자가 될 수 있다. 뜬금없는 소리로 들릴 수도 있다. 하지만 그렇다. 세상 물정을 잘 알지 못해서 취직하려고 할 때 자기에게 딱 맞는 곳만 골라서 가려고 하다가 실패할 수도 있다. 아쉬운 경우다. 많이 노력했는데도 좋은 곳에 갈 수 없다면 크게 불운한 것이다. 하지만 그 이전에 어리석다고도 할 수 있다.

자신에게 딱 맞는 직장은 어디서도 구하기 어렵고 그런 직장을 구한 사람은 참 편하고 즐거울 것 같지만 그렇다고 해도 어렵고 힘든 것이 직장이다. 밥 먹고 살기 위해 일하는 것은 어디나 힘든 일이다. 세상은 어떤지, 사회는 어떤지, 취업 시장은 어떤지, 사회에 먼저 진출한 사람들은 어떻게 살아가는지 미리 알 수 있다면 그대는 인생길을 보다 안전하게, 더욱 여유롭게 걸을 수 있을 것이다. 그대의 시야를 대학교 4년에서 더 확장시켜라. 그래야 실패하지 않는다.

실패한 다음에는 딱히 대안이 없는 것이 현실이다. 사람마다 조건이 다르겠지만 나름의 자금을 가지고 창업할 수 없는 사람에게 해당하는 말이다. 아르바이트를 전전하며 생활하고 생계를 이어가야 한다. 한 달에 100만 원도 되지 않는 벌이로는 미래를 계획할 수 없다. 그대 실패자가 되면 미래를 잃게 된다. 실패자가 되지 않도록 그대가 노력해서 만든 스펙에 맞는 좋은 곳을 향해서 갈 수 있도록 하라.

　이런 얘기를 듣고도 대학에서 공부가 하기 싫은 사람들은 밥 먹고 살기 위해서라도 공부하라. 그리고 좋은 성적을 만들어서 경쟁우위에 서도록 하라. 좋은 성적은 취업 시장에서 좋은 교두보를 만드는 것과 같다. A 학점 정도면 충분하다. B 학점은 불안하다. B 학점 이하는 기회가 없다. 대학교에서 동아리에, 축제에, 파티에 흥에 겨워서 놀다가 성적표에 F 두 개인 쌍권총을 차고, C와 D로 도배해서 자랑삼아 우스갯소리로 떠들다가는 그대는 사회에 나와서 실패의 쓰라린 경험을 하게 될 것이다. 취업 시장에서 지원서도 내밀지 못하는 것이다. A 학점을 만들고도 잘 노는 사람이라면 멋지다고 할 것이다.

　곧 알게 되거나 듣게 되겠지만 한 번의 실패는 두 번의 실패를 부르고 두 번은 세 번을 부른다. 한 해 동안 취업에 실패하면 그다음 해는 더 어려워지고 그다음 다음 해는 더욱 어려워진다는 말이다. 나는 대학생들이 취업에 실패하더라도 실패자가 아닐 수 있다고 말하고 싶다. 그리고 그런 기회가 사회에 많으면 좋겠다. 그래서 취업에서 잘되지 못하더라도 찾아갈 수 있는 많은 길이 있으면 좋겠다. 창업을 해서 잘된다면 취업보다 더 나은 경우다. 하지만 현실적으로 보았을 때 창업하는 경우는 극소수다. 주변에서도 보기 드물다.

대학교 4년을 마치기 전에 그대가 원하는 것이 무엇인지 잘 알아야 4년의 시간이 물거품이 되지 않을 수 있다. 그대가 전공한 학문과 관련해 어떤 취업의 기회가 있는지 잘 알고 있다면 그대는 가능성이 큰 사람이다. 아직 모른다면 학과 사무실에 가서 오랫동안 일한 사무직 분들에게라도 대화를 시도해보라. 그대가 모르는 경로를 잘 알려줄 것이다. 나는 그렇지 못했다. 사회가 어떤 직업을 제공하는지 잘 알지 못하고 대학교에 다녔다. 공부를 잘하고 싶었지만 동기 부여도 잘되지 않았고 결국에는 좋은 곳에 취업하더라도 즐겁게 잘살 수 있는 그런 길이 아니라 돈 벌고 먹고살기 위해 취업해야 한다는 것도 알게 되었다. 주변에서 정보를 잘 얻지 못했던 편이다. 이런 부분은 고스란히 취업해야 할 시기에 타격으로 다가온다. 그대는 그런 일을 겪지 말라. 대신에 그런 경험이 약이 될 수도 있다. 그런 시기 이후에는 사회를 현실적으로 보게 되었다.

　사회에 길은 많지만 그 길에 들어서려는 지원자는 훨씬 더 많다. 그리고 그 길에 다행히 잘 들어섰다고 해도 오래가려면 많은 노력이 필요하고 그대보다 먼저 들어선 이들과 경쟁도 해야 한다. 쉬운 일이 아니다. 지치는 일이다. 그래도 그런 길을 가야 한다. 먹고살기 위해서다. 꿈꿀 수 있다면 더 좋을 것이다. 멋질 것이다. 하지만 꿈도 현실 위에 서 있어야 안전하고 오래간다. 그대 대학교 4년에만 매여서, 그 기간에만 안주해서 그다음에 더 높이 날아올라야 할 때 실패하지 말라. 실패자가 되지 말라.

오늘을 보면서도
앞으로
10년을 생각하라

"시간은 금보다 소중하다."

그대 이 말을 받아들일 수 있는가? 아마 그렇지 않을 수도 있다. 당장 돈이 필요한 사람들에게는 시간보다 돈이 더 중요하지 않을까? 하지만 시간이 지나보면 그래서 다시 돌아갈 수 없는 때가 되어보면 그때야말로 시간은 금보다 소중하구나 하고 깨달을 수 있다.

그대는 대학생이다. 지나온 길을 떠올려보라. 10년 전인 초등학교 때 얼마나 즐겁게 놀았던가? 세상에 대한 걱정 없이 하루하루를 살았을 것이다. 아쉽지만 그때는 돌아오지 않는다. 그대 그와 마찬가지로 10년 후를 생각해보라. 잘 그려지지 않는가? 오늘을 보면서도 앞으로의 10년을 생각하면서 살아가라.

대학생 중에서 취업이 어렵다고 판단될 때 사업을 생각해보는 사람들이 있다. 어려운 취업 현실을 돌파할 수 있는 대안이 될 수 있다. 하지만 취업보다 더 어려운 일이 사업이다. 그대 사업을 시작하려고 할 때 중요한 목표 시점을 어디에 두어야 하는지 아는가? 사업을 막 시작하려고 할 때일까? 아니면 한 달 앞일까?

대부분 사업은 5년 안에 문을 닫는다고 한다. 반 이상이 그렇다. 그리고 10년이 지났을 때도 지속하고 있는 사업은 소수라고 한다. 마트와 같은 자영업도 포함된다. 그러면 이러한 사실을 알고 있는 사람이라면 적어도 목표 시점을 5년과 10년 후에 두어야 하지 않을까? 망하지 않도록 말이다. 그래야 그런 시간이 지나고서도 사업을 지속할 수 있을 것이다. 10년이 지나서도 망하지 않는 사업 말이다.

그대도 젊은 20대에 대학생활을 하면서 오늘 하루에만 치우치지 말고 대학을 떠난 다음에 어떻게 살아갈지 신입생 때부터 앞으로의 10년을 생각해보라. 10년이 지나서는 어떻게 될지 가슴속에 미리 그리는 사람은 그렇지 않은 사람보다 더 나은 곳에 선착할 가능성이 크다. 그때를 위해서 오늘을 노력하고 힘들고 불안해도 견뎌낼 수 있다.

앞으로의 10년은 그 자체로 소중하다. 다시 오지 않을 것이다. 20대의 10년은 좋은 시간이다. 자유롭기도 하고 많은 가능성을 내포한 시기다. 하지만 오늘날 보여주는 그대들의 모습은 힘들고 경쟁에 지쳐있다. 그대 그럴수록 앞으로의 10년 후에 어떤 모습으로 살고 싶은지 생각해보고 때론 글로도 써보라. 그대의 목표를 담은 글을 간직하면서 살아보라. 그대의 발걸음은 더 힘찰 것이고 그대의 마음은 더 굳세질 것이다. 하지만 꼭 그렇게 하지 않더라도 대학 안에서 주어진 강의를 들으며 오늘 하루하루를 살더라도 곧 다가올 10년 후를 잊지 말고 그대가 바라는 길로 갈 수 있게 해보라.

　　20대의 10년은 선택의 폭이 넓은 시기라는 측면에서 30대의 10년보다 더 중요하다. 그대가 20대에 잡은 직장은 생계를 위해 30대에도 지속할 것이다. 20대의 10년은 30대에 지대한 영향을 끼친다. 30대에 새로운 변화를 꾀하기는 여간해서 어려운 일이 아니다. 30대가 되면 실패해서도 안 된다. 하지만 20대에는 이해가 된다. 그대가 대학교 때 실패하더라도 다시 일어설 수 있다.

　　실패는 자산이 된다고 한다. 또한 실패는 성공의 밑거름이 된다. 실패를 위한 실패를 해서는 안 되겠지만 그대 20대에 대학을 다닐 때 실패해보라. 게을러서 실패하지 말라. 열정적으로 노력해서 그대만의 작품을 만들고 나서 세상 속에서 실패해보라. 세상에서는 쉽게 통하지 않는다. 어떤 사람은 실패가 무서워서 시도조차 하지 않는다. 도전하지 않는 것이다.

　　도전하려는 용기를 가지려면 그대가 가슴 깊은 곳에서 무엇을 원하는지 잘 알아내어야 한다. "뜻이 있는 곳에 길이 있다."고 했다. 그대가 원하는 뜻이 서면 그곳을 향해 갈 때 그대의 길을 더 좋은 방향으로 잡아줄 사람도 만나게 될 것이고 같은 뜻을 가진 사람도 만날 수 있을 것이다. 처음부터 성공하는 사람은 매우 드물다. 실패하고 실패한 다음에 그 속에서 성공하는 열쇠를 발견하는 게 아닐까 싶다. 이렇게도 해보고 저렇게도 해보는 것이다. 그래서 실패 속에서 배운 것은 자산이 될 수 있다.

그대가 20대의 10년 동안 대학 안팎에서 그대가 가려고 하는 길을 찾고 그 길 속에서 실패도 해보고 또 다른 길을 찾는 연습이 잘되어 있다면 그대는 잘되고 나서도 더 잘 될 것이다. 이미 실패해보았기 때문이다. 그래서 쉽게 실패하지 않을 수 있게 된다.

대학 때가 아니라 취업 시즌에 들어가서 실패하면 일어서기 어렵고 어두운 터널 속에서 낙담한다. 그때는 실패를 통해 배우고 깨닫기가 어렵다. 그리고 그땐 깨닫더라도 이미 늦는 때이기 십상이다. 그래서 대학교를 졸업하기 전에 다양한 활동을 통해서 경험의 폭을 넓히며 도전해보고 실패해보기도 하고 성공해보기를 바란다. 행운이 따라서 대학교를 떠나기도 전에 취업이 된다면 좋을 것이다.

결국에는 그대는 20대의 10년 동안 취업한 곳에서 앞으로의 30년을 더 살아가야 한다. 40년의 길이다. 그러한 직장이 그대의 마음에 들지 않는 곳이라면 그대는 장기적으로 실패할 가능성이 높다. 시간이 많이 지나서 직장을 떠나고 싶어진다면 그대는 더 많은 위험을 감수해야 한다.

대학교 때 기회가 된다면 회사에서 수습사원이라고 볼 수 있는 인턴을 경험해보기를 추천한다. 정규 직원은 아니지만 회사에 가서 일하면서 회사를 직접 체험해볼 수 있다. 인턴을 하면서 그대가 회사와 잘 맞는지 따져보고 취업할지를 결정할 수도 있다. 취직하는 것도 중요하지만 잘 취직하는 것이 더 중요하다. 그대가 오래도록 즐겁게 일하려면 말이다. 실제로 즐겁게 일할 수 있는 곳은 많지 않은 게 현실이다. 20대의 10년 동안 그대가 즐겁게 일할 수 있는 곳을 잘 찾았다면 잘한 것이다.

대학 4년 동안을 넘어서 20대의 10년 동안 그대는 인생에서 하고 싶은 일이 무엇인지 생각해보라. 20대의 10년이 다 가도록 나는 원하는 일이 무엇인지 잘 알지 못했다. 그래도 너무 늦지 않아서 다행이다. 30대 초반에 일하던 곳에서 이직을 고려하고 있을 때 인생에서 하고 싶은 일이 무엇인지 그리고 잘할 수 있는 일이 무엇인지를 생각해보며 3개월 넘는 동안 고민했었다. 그래서 연구 작가가 되고 싶었다. 글 쓰는 일을 좋아했었다. 그리고 싸이월드에서 페이퍼작가로 활동한 이력도 있었다. 국책연구소에서 연구원으로 일했으니 연구라는 측면에서는 통하는 면이 있었다. 연구원은 논문과 보고서를 쓰지만 연구 작가는 책을 쓴다. 그리고 연구원이 나은 면도 있는데 어떤 면에서는 오히려 연구 작가가 더 나은 면도 있다. 무엇보다 마음껏 글을 쓸 수 있기 때문이다.

고민을 지속할수록 인생에 대해서 통찰하려고 노력해볼수록 나온 답은 한 가지였다. 한 번뿐인 인생이라는 사실이었다. 그 시간 동안 먹고살기 위해서만 하는 일이 아닌, 하고 싶어서 하는 일, 좋아서 하는 일을 하고 싶은 마음이 컸다. 그대 그런 일을 찾기를 바란다. 남이 알아주어서 좋다고 생각하는 일은 오래가지 못한다. 그대가 좋아하는 일 그대가 꿈꾸는 일을 그리며 20대의 10년을 그리기를 바란다.

그대 "호시우행"이라는 말을 들어본 적이 있는가? 20대의 10년을 살아가는데 적합한 사자성어가 아닐까 싶다. 호랑이처럼 치켜보며 소처럼 걷는다는 말이다. 그대 20대의 소중한 10년을 빨리 가려고만 하지 말고 몇 번의 취업 실패에 주저앉지 말고 그대가 인생에서 원하는 일이 무엇인지부터 잘 살펴보고 천천히 걸어가라. 현실을 치켜보며 20대의 10년 동안 그대의 인생을 천천히 걸어가기를 바란다.

그대의 인생이 취업보다 중요하다. 그대의 삶이 돈보다 소중하다. 그대 자신의 소중함을 잊지 말고 그러면서도 현실이 요구하는 것들을 호랑이가 걸을 때 그런 것처럼 그대의 20대 10년을 잘 치켜 보며 걷기를 바란다. 그렇게 노력하기를 바란다. 그대가 노력한 만큼의 대가를 얻을 수 있을 것이다.

20대는
생각만큼
자유롭지 못하다

스케이트장에 가면 겁먹고 안절부절 발을 내딛지 못하는 사람이 있다. 초보자들이다. 하긴 얼음판 위에서 선다는 것이 얼마나 무섭게 느껴지겠는가? 그대는 처음에 그렇지 않았는가? 얼음판은 미끄럽기 그지없어 다가서면 곧 넘어질 것 같다. 대학생이 된 사람들은 초보자들이다. 자유로워야 할 20대의 시기에 요구되는 사회의 조건들은 그대들을 자유롭지 못하게 한다. 그대 그럴더라도 자유롭게 살아가기를 바란다. 그렇지 않으면 후회할 수 있다.

얼음판 위에서 몇 번 넘어질 각오가 되어 있는 사람들은 발을 떼고 나갈 수 있다. 나는 마주 보며 다가오는 사람들과 안 부딪히기보다는 적절하게 부딪히고 잘 넘어지는 쪽으로 노력했었다. 그럴 수밖에 없었다. 스케이팅 실력이 초보였기 때문이다. 때로는 어린아이가 마주 보고 오면서 충돌이 예상될 때는 그냥 자진해서 먼저 넘어지기도 했다. 그때 뒷주머니에 넣어둔 휴대폰의 액정화면이 깨어진 기억이 선명하다. 그렇다. 맞부딪혀 보면 그렇게 힘들지도 그렇게 괴롭지도 않다. 그리고 점차 덜 넘어지고 자유롭게 얼음판을 거닐 수 있다. 어떤 면에서 그대들은 20대에 자유로워지는 연습을 해야 할 것이다. 지난 10년 전보다 오늘날의 20대는 경쟁에서 더 치열하다. 아마도 사회로 진입하는 취업의 관문이 더욱 좁아지고 취업 일자리는 그렇게 늘어나지 않기 때문일 것이다.

그대 자전거를 두 손 놓고 타본 적이 있는가? 보는 사람들은 아찔하게 느낄 것이다. 하지만 그렇게 두 손 놓고 타기 전에 손을 순간적으로 한두 번씩 놓으며 연습해보면 가속되는 힘으로 앞쪽 바퀴와 핸들이 고정적으로 유지될 수 있다는 것을 알아챌 수 있다. 또한 두 손을 놓고서 곡선 길도 돌 수 있는데 두 손이 아닌 두 다리의 힘으로 한쪽으로 기울이면 된다. 두 손을 놓고 타는 자전거는 생각만 해도 자유롭게 느껴진다. 하지만 그렇게 하기까지 무척 많은 힘을 들이고 연습해야 한다. 그리고 그 이전에 무엇보다 안전을 확보해야 한다. 그대 한번 시도해보라. 그렇다고 자신감이 있지 않은 상황에서 무턱대고 두 손을 놓치는 말라. 캠퍼스 길에서 두 손 놓은 자전거를 탄 채 하늘을 향해서 기쁜 마음으로 질주할 때 그대 무언가 해냈다는 느낌을 가질 수 있다.

그대의 대학생활은 두 손 놓은 자전거를 타는 것처럼 자유로워야 한다. 하지만 그대 대학생 때 주변을 보면 자유롭기 어렵다. 책을 보며 공부 한 부분을 더 해야 할 것 같고 남에게 뒤처지지 않는 스펙을 갖추기 위해서 전전긍긍하고 조바심을 낼 수도 있다. 그렇게 하면 오래가지 않아서 지치고 만다. 남들과 견주는 인생은 남들에 의해서 좌지우지되기 때문에 오히려 불안정해지고 자유롭기 어렵다.

그대 불안정하고 불확실한 20대의 젊은 시기를 건너기 위해 그대만의 목표를 정하고 시간을 개척하기 바란다. 하루는 24시간이

다. 모두에게 주어진 시간이다. 공평하게 느껴진다. 하지만 저마다
의 살아가는 모습을 보면 모두 24시간을 사는 것은 아닌 것 같다.
그렇지 않은가? 어떤 사람은 15시간도 못 사는 것 같고 어떤 사람
은 25시간 넘게 사는 것 같다. 열정적으로 살기 때문이다. 반면에
시간을 허비하는 사람은 하루의 시간을 잃어간다.

하루 중에서 새벽 시간을 개척하기 바란다. 새벽 시간을 교두보
로 삼기 바란다. 잠자는 시간을 줄이는 것도 좋지만 그보다는 잠
을 일찍 자는 것이 더 좋다. 습관을 바꾸어야 하는 일이다. 하루
중에서 해야 할 많은 일 중 어느 정도를 새벽 시간에 처리하고 느
긋하고 여유롭게 사는 것이다. 물론 새벽형의 사람이 되기 어려운
사람들은 예외다. 이와 마찬가지로 그대 20대의 시간을 열정적으
로 노력해서 자유를 확보하는 적극적인 시기로 만들어가라.

새벽 4시에만 일어나도 아침에 두세 시간을 번다. 한 달로 치면
60시간에서 90시간에 달하는 많은 시간이다. 그대 시험을 준비
할 때 한 과목에 몇 시간씩 공부하는가? 또한 한 번 공부하고 나
서 또 반복해서 복습할 때 몇 시간 더 쓰는가? 새벽 시간에 확보

한 많은 양의 시간을 그대 공부에 쏟아붓는다면 그대는 더 좋은 성적을 거둘 수 있고 성적에서 더 자유로울 수 있다. 그리고 꼭 공부가 아니더라도 취미 시간으로 쓸 수도 있겠다. 아니면 운동을 할 수도 있다.

나는 대학교 때 새벽 시간을 활용해본 적이 있었다. 새롭게 느껴지고 하루의 시간이 더 길게 느껴지며 무언가를 잘할 수 있을 것만 같은 느낌이 들었다. 그대 대학생 때 새벽 시간을 활용해보기를 추천한다. 그대는 하루를 개척하게 될 것이고 더 자유로워질 것이다.

나아가 그대의 20대를 개척하라. 개척하려는 적극적인 마음 자세는 가만히 웅크리고 앉아서 기다리는 자세보다 더 많은 가능성을 만들어낸다. 그대가 가만히 기다린다고 좋은 기회가 그대에게 찾아와서 문 두드려주지 않는다. 그대가 먼저 찾아 나서야 한다. 원하는 것을 말이다.

한 달에 열 가지를 시도한 사람과 한 가지를 기다린 사람은 차이가 크다. 열 가지를 시도해서 아홉 번 실패하고 한 번 성공했다면 실패인가 성공인가? 그대는 어떻게 보는가? 성공한 것이다. 어떤 사람도 불확실한 기회 앞에서 자유롭기 어렵다. 하지만 도전하고 시도하는 개척의 마음을 가진 사람에게는 기회가 더 많으므로 더욱 자유롭다. 기다린 사람은 한 번의 기회가 그냥 지나가 버리면 치명적이다. 하지만 적극 개척하는 사람은 열 번에 한 번 아니면 스무 번에 한 번 잘하더라도 성공한 것이다. 그대의 스타일을 바꾸어서 가능성을 탐색하고 적극 찾아 나서는 사람이 되어라. 기회는 그대를 기다려주지 않는다. 그대가 발견해야 하고 개척해야 한다.

적극적인 사람에게는 시간 여력이 생긴다. 과제를 수행하더라도 더 일찍 끝낸 사람에게는 더 많은 시간이 남는다는 말이다. 그것이 바로 여유다. 그리고 그때 자유로움을 느낄 수 있다. 시간이 많다고 자유로움을 느낄 수 있는 것만은 아니다. 처음에는 자유로움을 느끼다가 이내 곧 나태함을 느끼게 된다. 아무것도 하지 않고 시간을 보내는 것도 힘든 일이다. 그대 대학생 때 나태함과 친해지지 말라. 그대의 시간을 갉아먹는 것이다. 그대의 잠재력을 갉

아먹는 것이다. 적극 노력해서 기회를 찾아 나서고 기회를 확보하는 20대로 만들라. 그대의 20대 젊음에 자유가 찾아올 것이다.

　기대한 만큼 자유롭기는 어려운 20대다. 그대가 원하는 만큼 자유로워지고 싶으면 그대는 보이는 많은 기회 앞에서, 과제들 앞에서 현명해져야 하고 시간을 개척하면서도 좋은 기회를 그대의 것으로 만들 수 있어야 한다. 그래야 자유로울 수 있다. 20대에 자유는 거저 주어지지 않는다.

04

취업하기
어려운
현실 앞에서

요즘은 초등학생과 중학생도 20대 젊은 사람이 하는 취업 걱정을 한다고 한다. 그리고 고등학생의 대학 진학률은 80% 대에서 70% 대로 떨어졌다고 한다. 대학교를 졸업하고 나서도 취업하기 어렵기 때문이다.

그대는 어려운 취업 현실 앞에서 어떻게 할 것인가? 무엇을 준비해놓았는가? 좋은 스펙을 마련하는 것은 기본이 되었다. 학벌, 학점, 어학 성적, 언어연수, 자격증, 그리고 자원봉사 활동 등이다.

이 중에서 어느 것도 중요하지 않은 것이 없다. 그렇다면 그것만 잘 준비하면 취업을 잘할 수 있을까?

나는 취업을 하는 것과 취업을 잘하는 것을 구별해야 한다고 본다. 취업을 잘하는 것은 취업한 후에 취업에 대해서 만족하는 것을 뜻한다. 그대 취업 시즌이 되기 전에, 대학교 4학년 졸업반이 되기 전에 신입생 때부터 정보력을 높여라. 자신이 무엇을 원하는지와 사회에 무엇이 있는지를 아는 것이다.

스펙은 그대의 취업을 보장하지 않는다. 가능성을 높여줄 뿐이다. 하지만 차별화된 정보력이 있으면 그대는 자신에게 더 적합한 취업을 추구할 수 있고 먹고살기 위해 하는 취업을 넘어설 수 있다. 그대의 꿈을 이룰 수 있다.

취업하기 전에 자신이 하고 싶은 일과 할 수 있는 일을 생각해 두어야 한다. 대기업 취업이 만족스럽지 않겠다고 여기는 사람은 다른 길을 찾아보아야 한다. 또 스펙이 부족한 사람은 대기업보다 중소기업 취업을 생각해볼 수도 있다.

아무리 좋은 대기업에 취업했다고 해도 그대 적성에 맞지 않다면 그대가 바라는 수준의 급여에 충분하지 않다면 머지않아 뛰쳐나올 수도 있다. 한국 사회에서는 아무래도 취업에 관해 어디에 취직했는지 잘 물어보는데 상대적으로 다른 사람들보다 더 나은 곳에 취직하기를 바라고 혹시라도 그렇게 되면 자신이 자랑스럽게 느껴지기도 한다. 하지만 그런 것은 일 년도 채 가기 어렵다. 막상 취업해서 일해 보면 많은 사람과의 관계로 힘들어하고 스트레스받고 또 그런 것들을 참아내면서 일해야 하기 때문이다.

그대 취업 때 자신만의 적성을 중요한 기준 중 하나로 삼는다면 성공적인 취업을 할 수 있다. 잘 맞지 않는 대기업보다는 잘 맞는 중소기업이 더 낫다는 말이다. 사실이 그렇다. 오래가려면 지치지 않고 그대와 잘 어울리는 일을 찾아야 한다. 그 일이 취업을 통해서 이룰 수 있는 것이 아니라면 그대만의 일을 꾸릴 수도 있어야 한다. 바로 창업하는 것이다. 큰돈 들이지 않고 소액으로 창업할 수 있는 경우도 있고 1인 기업도 있다. 그리고 창업을 지원해주는 정부 지원 서비스도 참고해볼 필요가 있다.

기업에 취직해서 돈을 벌고 싶은 경우라면 그대 대학교 4학년이 되기 전부터 많은 기업에 대한 정보를 모으고 차별화된 전략을 쓰기 바란다. 그래야 그대의 취업 성공률을 높일 수 있다. 매년 취업 시즌이 있다. 그때가 되면 그대 원하는 만큼 취업 지원을 할 수 있지만 수천, 수만 개가 넘는 모든 회사에 지원할 수는 없으며 그대는 일부를 선택해야 한다.

대개는 취업하고 싶은 회사 100곳에서 많게는 300곳 정도를 선정해서 지원하는 것으로 안다. 200곳만 해도 많다. 스펙만 준비해놓고 취업 시즌을 맞게 되면 그대는 수백 곳의 다양한 회사에 천편일률적인 지원을 할 수밖에 없다. 여기에 낸 지원서를 똑같이 복사해서 다른 곳에도 그대로 낸다. 어쩔 수 없다. 시간제한 때문이다. 하지만 그것은 취업 성공률을 떨어뜨린다. 왜 안 그렇겠는가? 면접관들은 경험이 많은 전문가들이다. 대학생인 그대들과 보는 눈이 다르다. 식상한 지원서는 가려낸다. 그러므로 그대들은 식상한 방법은 피해야 한다.

100곳, 200곳의 많은 회사에 내는 지원서를 각양각색으로 만들기는 어려운 일이지만 가능한 데까지는 자신만의 색깔을 살리되 회사의 특징도 살릴 수 있어야 한다. 인터넷 웹페이지에서 한 곳에 낸 지원서를 복사해서 그대로 다른 곳에 낸다면 그대는 취업 성공률을 높이기 어렵다.

나는 이미 확보된 스펙이라는 자원으로 최대의 효과를 내는 가장 좋은 방법은 매력적인 자기소개서라고 본다. 부족한 학점도 메울 수 있다. 어학연수 이력이 없어도 더 나은 스토리로 멋있게 장식할 수 있다.

"저를 채용해주시면 잘하겠습니다." 식의 단순한 의지형보다는 그대만의 감동이 있는 또는 다른 사람의 마음을 파고들 수 있는 매력적인 스토리형 이야기를 갖추어라. 꾸며내거나 해서는 안 된다. 그대의 경험으로 만들어내야 한다. 그런 스토리를 중심으로 그대의 소개를 잘 풀어내라.

그대 한 가지를 생각해보라. 그대가 100곳의 회사에 지원서를 낸다면 한 회사에는 한 번 내는 것이다. 그렇다면 그 회사의 입장에서는 채용 담당 면접관은 몇 개의 지원서를 받게 될까? 수백 개일까? 수천 개일까? 많은 곳에는 수십만 개까지 될 것이다. 엄청난 양이다. 한두 사람이 정성 들여서 읽을 수 있는 정도가 아니다. 인사부서 인력을 총동원하더라도 시간이 오래 걸릴 것이다. 읽다가 보면 피곤해질 것이고 읽기 식상한 진부한 지원서는 눈에 들지도 않을 것이다. 그대 생각해보라. 그들이 그대의 지원서를 볼 때 눈에 확 띄는 차별성을 확보해야 한다.

그대가 일하고 싶은 회사를 탐색하고 분석할 때 그대만의 회사에 대한 소견을 포함하는 것도 좋은 방법이다. 회사에 대한 적극적인 자세를 보여주는 것이다. 또한 회사의 제품에 대한 신선한 아이디어를 제공해보는 것도 좋다. 한 곳의 회사에 대해서 이렇게 하기란 어려운 일이다. 한 곳에만 지원하는 것이 아니기 때문이다. 100곳이 넘는 회사들에 지원해서 가능성을 높여야 한다. 그러므로 그대 시간을 미리 확보해서 평소에 취업하고 싶은 회사에 관심을 두고서 그대만의 소견을 마련하여 이를 자기소개서에 더해서 매력을 높이는 것이 좋다.

05

아이디어 공모전은
기회가
될 수 있다

'여러분의 신선하고 독특한 아이디어를 모집합니다.'

이런 캐치프레이즈를 본 적이 있는가? 길을 걷다 보면 종종 볼 수 있는 문구다. 그대의 눈을 확 잡아끄는 문구가 되면 좋겠다. 그대에게 아이디어가 있다면 그럴 것이다.

새로운 아이디어의 힘은 세다. 남들이 하지 못한 생각은 비교 우위를 점할 수 있게 해주고 차별성을 가져다준다. 그대 독특한 아이디어가 떠오르면 스쳐 지나가게 놔두지 말고 메모해두어라.

아이디어 한 가지로 취업을 할 수도 있다. 아이디어 공모전의 경우다. 그렇지 않더라도 그대의 아이디어를 잘 모아두어서 실제로 활용해보라.

한 달에 그대만의 새로운 아이디어가 몇 개나 되는지 체크해보는 것도 좋다. 사람들은 하루하루 살면서 새로운 생각을 잘하기가 어렵다. 어제 살았던 대로 오늘을 살고, 내일은 또한 오늘 살았던 대로 살아가기 때문이다. 그것이 편하기 때문이다. 이럴 때에 신선한 아이디어는 삶을 새롭게 한다. 그대 아이디어맨이 되라.

새로운 아이디어는 기존의 것을 넘어서고 혁신을 이룰 수 있다. 당연히 기업에서는 아이디어가 넘치는 대학생을 채용하려고 할 것이다. 아이디어의 값은 비싸다. 그리고 때로는 돈으로 환산할 수 없을 만큼 값지기도 하다. 아이디어맨은 기업에서 인정받는다. 능력 있는 사람으로 보이기 때문이다. 때로는 새로운 아이디어 한 가지가 한 기업을 정상급 기업으로 도약하게 하기도 한다. 그대가 그런 일을 가능하게 만드는 아이디어를 제공하고 그런 일의 주역이 된다면 더없이 기쁠 것이다.

기업의 글로벌화가 그렇다. 새로운 아이디어라고 볼 수 있다. 2000년대에 들어서기 전에 삼성, 현대, LG 등의 국내 대기업은 국내 시장에 주력하고 있었다. 당연히 매출도 국내 시장에 국한된 경우가 많았다. 하지만 1990년대 말부터 글로벌화를 지향하며 세계를 향해 나가기 시작했다. 현재 삼성만 해도 매출액의 80%를 넘는 비중이 외국에서 나온다. 반면에 일본의 전자 기업들은 자국 내에서도 잘될 수 있다고 보았고 글로벌화에 뒤처졌다. 이는 기업의 역량 저하로 이어진 요인이 되었다. 그렇다. 글로벌화는 새로운 아이디어인 동시에 시대의 흐름이었다. 중국이라는 거대한 경제권이 형성되고 있었기 때문이기도 했다. 2010년대를 지난 지금 글로벌화는 일반적인 현상이 되었다.

그대 앞으로가 아닌 뒤로 걸어본 적이 있는가? 평지를 걸을 때는 힘에 있어서 별 차이가 없다. 오히려 뒤로 걷는 것이 더 힘들다. 하지만 등산할 때는 다르다. 등산하면서 산길을 오를 때는 힘이 많이 든다. 그리고 내려올 때는 더 편할 것 같지만 실은 오르는 일 못지않게 힘들다. 경사가 심할수록 힘이 더 들어간다. 아래로 가속되는 힘을 억제하려고 다리에 힘을 주며 조심해서 천천히 걸어야 하기 때문이다. 그대 등산하고 하산 중에 지쳐서 더는 내려오기 힘들 때 천천히 뒤로 걸어보라. 뒤로 걸으며 내려가는 것이다. 새로울 것이다. 힘이 덜 드는 것은 당연하다. 그리고 훨씬 쉽게 내려갈 수 있다. 다리가 풀리고 가벼워진다. 이것 또한 아이디어다.

또는 힘을 분산시키기 위해서 지그재그로 천천히 걸어보라. 다리에 걸리는 힘이 더 적어지고 억제하려고 다리에 주는 힘도 덜 들면서 올라갈 때 더 쉽고 빠르게 올라가고, 내려올 때도 더 쉽고 빠르게 내려올 수 있다.

난관에 봉착했을 때 그 위기 상황을 돌파하기 위해서는 새로운 아이디어가 필요하다. 아이디어가 없으면 계속 헤매게 된다. 저녁이 되고 밤이 깊어가는데 산속에서 길을 잃었다면 어떻게 할 것인가? 그럴 때에 대비해서 아이디어로 준비되어 있다면 당황하지 않을 것이다. 바로 나침반이 그렇다. 나침반을 미리 준비해서 간다면 방향을 잡을 수 있고 지도 또한 가지고 있다면 시간이 걸리더라도 원하는 목적지를 향해서 발걸음을 뗄 수 있고 천천히 나아갈 수 있다. 길을 잃었을 때는 방향을 잡을 수 있어야 한다. 그렇지 않고 방향을 모른 채 두려움에 겁먹으며 움직이는 것은 위험을 가중시키는 일이다.

그대 2010년의 연평도 포격 사건을 기억하는가? 북한의 무력도발에 적개심을 가진 사람들이 적지 않았을 것이다. 그 당시 연평도에 있던 자주포 중 일부는 작동도 잘되지 않았다. 그리고 포격을 받은 뒤 지휘 체계상의 시간 지연으로 대응 포격도 제대로 하지 못했다. 그대 어떻게 보는가? 시간이 많이 지난 다음에 제대로 포격했다면 전쟁을 감수해야 할 수도 있었다. 그래서 하지 못했고 대한민국의 국민은 분노와 함께 참아 넘겨야 했다. 대통령은 무력도발에 강하게 대응하려고 했지만 제대로 된 응징을 선택할 수 없었다. 국민은 그때 무력함을 느꼈다.

이럴 때에는 무기 체계에 대한 좋은 아이디어만 있어도 좋았을 것이다. 기존의 것으로는 그리고 기존의 지휘체계 방식으로는 제대로 대응하기 어렵기 때문이다. 예를 들어 먼저 선제공격을 받을 경우 버튼 세 개 정도를 누르면 바로 1분 이내에 대응 발사가 되도록 시스템을 개선하는 것이다. 그렇게 하면 정당방위가 된다. 국제적으로도 문제가 되지 않는다. 나아가 평상시에도 군사적으로 대비 태세를 잘 갖추고 있고 잘 대응하고 있다는 인식을 줄 수도 있다. 북한군이 오히려 놀랄 것이다. 나는 그때 그런 아이디어가 아쉬웠었다. 국가적인 위기에 좋은 아이디어가 미리 구축되어 있으면 큰 사태가 생기지 않을 수 있다.

취업에서 잘 풀리지 않는다면 위기라고 할 수 있다. 그럴 때가 된다면 그대는 어떻게 할 것인가? 그대들은 대비해두어야 한다. 취업이 가장 좋은 길이라고 보기는 어렵다. 취업보다 더 좋은 길도 있다. 하지만 대학교를 막 졸업하려는 그대들에게는 취업의 관문을 거치는 것이 자연스럽다. 당장 무언가를 할 수 있는 여력이 안 되기 때문이다. 사업을 하고 싶어도 자금이 부족하다. 자금을 마련하려면 일을 해야 한다. 하지만 그 전에 대학교를 다니면서 좋은 아이디어를 내고 조금씩 자금을 마련하는 것도 좋다. 아르바이트를 하면서도 말이다.

사업화할 수 있는 아이디어가 실현 가능성이 높다면 그대는 취업보다 아이디어를 실현하는 쪽으로 가는 것이 좋다. 기업에 취업해서 매일 출퇴근하며 일하는 것보다 자영업일지라도 작은 규모의 1인 기업을 지향하는 것이 장기적으로는 더 낫다. 돈도 더 많이 벌 수 있다.

또는 취업을 한 후에 기업 내에서 그대의 아이디어를 활용하는 것도 좋다. 막상 혼자서 아이디어 한 가지로 사업화하기에는 초기에 어려움이 크다. 취업을 해서 시장 현황이 어떻게 돌아가고 사업을 하더라도 어떻게 하는 것이 더 좋은지 체감할 수 있을 정도로 경험이 충분해진 다음에 시도하는 것도 좋다.

그대 행운이 따른다면 대학을 졸업하기 전에 심지어 저학년일지라도 취업의 기회를 잡을 수도 있다. 나는 한 가지를 제안한다. 그대 공모전에 응모해보라. 아이디어 공모전 말이다. 특정 회사 또는 기관에서 주최하는 것인데 일반인에게서 또는 어떤 특정 대상이나 계층에게서 좋은 아이디어를 응모하게 하여 회사 제품에 반영하기 위해서 시행한다. 그리고 응모를 장려하기 위해 순위에 따라서 수상도 하고 상금을 내걸기도 하는데 대학생으로서는 목돈이 된다. 그리고 미취업자라면 취업 기회를 부여하거나 취업 지원

시 가산점을 주기도 한다. 나는 대학원에 있을 때 논문공모전에 참여했었다. 한 달 정도 동안 유비쿼터스를 주제로 해서 독자적으로 논문을 작성했었고 출품했는데 수상하지는 못했지만 그 이력을 바탕으로 도전한다는 인상을 주려고 국책연구소에 지원할 때 자기소개서에 기술했었다. 그렇다. 공모전 참여 이력은 그대에게 플러스 포인트를 준다. 매력 포인트다.

　매력적인 아이디어 한 가지를 생각해내는 것은 힘든 일이다. 하루가 아닌 일주일을 넘게 생각해도 떠오르지 않을 때가 있다. 그대 그런 일을 겪어보라. 힘들게 생각해낸 아이디어는 더 값어치가 있다. 때로 스쳐 가는 좋은 아이디어를 잡는 것은 행운이다. 물론 평소에는 노력해야 얻을 수 있다. 하지만 노력 끝에 좋은 아이디어를 떠올렸을 때 그대는 즐거움을 맛볼 수 있을 것이다. 아이디어 공모전에 참여하면 그런 과정을 겪을 수 있다. 그리고 그런 과정 후에는 그대는 사물을 대하는 태도가 달라진다. 아무렇게나 대하지 않는 것이다. 어디에서 어떻게 새로운 아이디어가 떠오를지 모르기 때문이다. 메모는 당연해진다. 스쳐 가는 생각은 빠르게 잊히기가 십상이기 때문이다. 아이디어 공모전에 참여해서 힘들게 만들어낸 아이디어가 선정이라도 된다면 그대는 좋은 이력을 만들게 되고 취업의 가능성을 높이게 되는 것이다.

어떤 사람에게 공모전 참여는 귀찮은 일일 것이다. 하라고 시키지도 않은 일을 시도하니 말이다. 하지만 공모전에 입상이라도 하게 된다면 얼마나 큰 변화가 그대 인생에 찾아오겠는가? 공모전을 주최한 회사에서도 그대가 실력이 있다면, 그래서 수상했다면 그대를 인재로 미리 확보해두려고 할 것이다. 나는 살면서 공모전에 모두 네 번 응시해보았다. 논문 공모전에 두 번, 연구비 지원 아이디어 공모전에 한 번, 그리고 디자인 공모전에 한 번이다. 네 번의 공모전 모두 쉽지 않았다.

한 해 동안에 개최되는 공모전은 다양하고 많다. 대학교에서 공부하는 도중에라도 3개월에 한 번씩만 응모해도 일 년에 네 번 도전해볼 수 있다. 대학 4년의 기간을 다 생각해본다면 열 번 넘게 시도해볼 수 있다. 아니면 일 년에 한 번이라도 시도해본다면 그대는 도전에 대한 열매를 기대할 수 있다. 그대 공모전을 잘 골라서 준비해보라. 취업의 어려운 길을 미리 해결하는 좋은 방법이 될 수도 있고 그대의 스펙을 더 좋게 만드는 방법이기도 하다. 내가 공모전 개최 정보를 알기 위해 활용했었던 웹사이트를 소개한다. http://www.thinkcontest.com이다. 자주 들러보면 기간별로 다양한 공모전 정보가 올라온다.

그대 그냥 넘기지 말고 그대의 전공과 관련이 있는 공모전이 있다면 실제로 응모해보기를 바란다. 그대의 전공에 대한 실력을 쌓을 방법이기도 하다. 나아가 혹시라도 수상하게 된다면 상금을 받게 된다면 얼마나 좋겠는가? 또 다른 취업의 기회가 될 수도 있다.

06

면접관의
입장에서
보라

‘취업 전적 2승 6패.’

야구 경기의 투수 전적 같기도 하다. 나의 취업 전적이다. 모두 국책연구소에 지원했었다. 그리고 여덟 번 중에서 여섯 번 패했다. 이 중에서 이직 전적은 1승 5패다. 전문연구요원으로서 이직하기가 쉽지 않았는데 대부분의 연구소에서는 전문연구요원 전직을 제한하는 것 같았고 그래도 시도했었다. 1승에 대해서는 면접에서 이직하는 쪽으로 요청을 받았지만 끝내 하지 않았다. 면접에는 모두 네 차례 갔었다.

네 차례의 면접 중에서 두 번은 붙었고 두 번은 떨어진 셈이다. 채용할지 말지를 결정하는 권리는 면접관에게 있다. 그대 면접 보는 일은 쉽지 않다. 어떤 곳에서는 전공 면접과 인성 면접을 봐야 하고 또 어떤 곳에서는 인·적성 시험, 논술 시험, 구술 면접을 본다. 면접을 한 번만 봐도 하루 중 반나절이 소요되고 오가는 시간과 대기 시간을 생각하면 더 많은 시간이 걸린다. 체력적으로도 잘 준비되어야 한다. 이런 과정을 거치며 취직과 이직 그리고 면접에 대해서 생각해보게 되었다.

그대 면접에서 잘 알아두어야 하는 사실이 있다. 서류전형 다음에 면접전형을 준비할 때 적용되는 스타일은 그대의 스타일이 아니라는 점이다. 바로 면접관의 스타일이 중요하다. 그대의 답변보다 면접관의 의견이 더 중요하다. 관점을 그대가 아닌 면접관에 두어라. 그러면 취업할 확률이 높아질 것이다.

흔히 서류 전형에 통과되었다는 통보를 받으면 기쁨 반 불안 반이 된다. 설레기도 하면서 좌불안석이 된다. 면접이라는 또 다른 관문을 거쳐야 하기 때문이다. 그대 대학교를 졸업하기 전이기 때

문에 또한 사회를 잘 겪어본 것이 아니기 때문에 회사에 대해서
잘 알지 못한다. 그리고 가장 중요한 면접 문화에 대해서도 잘 알
지 못한다. 자신감 있는 답변이 어떤 면접관에게는 무례한 답변으
로 또는 당돌한 답변으로 느껴질 수도 있다. 애매하다. 어떻게 해
야 좋을까?

　면접을 준비할 때 대개는 면접 예상 질문을 뽑아서 본다. 그리
고 그 질문에 맞춰서 잘 답하려고 준비할 것이다. 하지만 이런 식
상한 준비는 별다른 매력을 느끼게 해주지 못한다. 나는 면접을
준비할 때 한 번은 도서관에 가서 제시된 주제 관련 전공 서적을
세 권 정도 대략 살펴보았다. 두꺼운 책이었다. 이해가 어려웠다.
중요한 공식들 정도를 알아두었다. 하지만 면접에 가서는 공식을
말한 것이 아니라 이번 면접을 위해서 도서관에 가서 책 세 권 정
도 읽어보았다는 '노력한 부분'을 말했었는데 어필이 되었던 것 같
다. 노력한다는 인상을 주려고 했었다. 그대가 노력한 것으로 어필
하라. 더 효과적일 것이다.

　그대 취업에서 잘되려면 면접관의 눈으로 보아야 하고 면접관의

스타일로 그대를 볼 수 있어야 한다. 그대는 취업 예상 질문에 잘 답변하려고 준비했겠지만 면접관은 그대가 답변하는 모습을 본다. 말을 잘하고서도 불안한 기색이 역력했다면 잘하지 못한 것이다. 간략하게 답하면서도 자신감 있는 모습을 보여주었다면 좋은 인상을 주었을 가능성이 높다.

주어진 짧은 시간 안에 어떤 질문을 받을지조차 알지 못하기 때문에 임기응변 능력은 중요하다고 할 수 있다. 때로 면접관들은 그대에게 예상치 못한 뜬금없는 질문을 할 수도 있다. 시험하고 싶어서다. 나는 전공이 초광대역통신(UWB)이었는데 이와 관련된 질문을 받은 다음에 연구실의 주제였던 GPS로 전공 지식에 버금가는 질문을 받았다. 잠깐 사이에 속으로 생각을 했다. 질문에 답하려면 추정이 필요했다. 그래서 고개를 약간 숙이며 한쪽 손을 들고서 면접관에게 생각할 시간을 달라고 해서 잠깐 후에 답변했는데, 어려운 질문에 어느 정도 여유로운 대응을 했기 때문인지 면접 결과가 좋았다.

그대 면접관이 공개 채용 지원자들을 불러서 무엇을 물을지가 아니라 무엇을 볼지를 잘 생각해보라. 지원자들은 그대가 어디에서 살았는지 어떤 사람인지에 별 관심이 없다. 심지어 그대가 성적이 어느 정도로 뛰어난지도 별로 관심이 없다. 유일하게 관심이 있는 것이라면 아마도 인재이냐 아니냐 하는 것이다. 그래서 면접관은 그대들을 유심히 바라볼 것이다. 어떻게 대답하는지를 볼 것이다. 그래서 대답 내용이 조금 부족해도 그 말 속에 자신감과 여유가 깃들어 있다면 좋은 인상을 줄 수 있다.

다음으로 면접관은 수많은 지원자를 상대한다는 사실을 명심해야 한다. 처음에 한두 명을 심사할 때는 주의력이 높지만 시간이 흐르고 지원자를 만날수록 주의력은 떨어진다. 면접관들에게 미소를 띠게 하고 웃음을 줄 수 있는 지원자가 있을까? 그럴 수 있다면 높은 점수를 받을 것이다. 기발한 아이디어를 밝힌다면 가능하지 않을까? 그렇게까지 하지 않아도 된다. 그대 면접을 보면서 그대도 면접관을 심사해보라. 여력이 되어서 발언 기회가 주어진다면 회사에서 심사하는 면접관에 대한 그대의 인상을 말해보는 것도 좋다. 센스 있는 방법으로 말이다. 면접관들도 예상하지 못한 말이다. 그리고 그런 말은 기억에 남기가 좋다. 대부분 지

 나는 힘든 청춘들에게 힘이 되고 싶다.

원자는 수동적이다. 면접관이 질문을 하면 대답하는 식이다. 답변을 잘한 다음에 그대도 면접관에게 그대가 심사한 인상을 말해보고 물러나는 것도 괜찮은 방법일 것이다. 다른 많은 지원자와 차별화되기 때문이다.

그대 취업 면접에 가기 전에, 면접 예상 질문에 좋은 답변을 적어두고 외우려고 하기 전에 면접관들이 과연 무엇을 보고 어떻게 채줄하려고 할지부터 생각해보라. 그러면 그대의 면접 준비는 달라질 것이고 여유로워질 것이다. 그리고 면접에 가서는 되도록 그대가 외워온 것보다 면접을 위해서 그대가 노력한 것을 자신감 있게 말해보라. 면접관들의 마음에 어필할 수 있을 것이다.

취업 경기에 나가서 그대의 전적은 수많은 패로 가득해도 아직 끝난 게 아니다. 그대가 가고 싶은 곳에서 1승만 거두어도 된다. 하지만 승률을 높여라. 5승 넘게 거두어라. 그래서 그대가 선택당하는 사람이 아니라 많은 승을 거두어서 어디로 갈지를 놓고 선택하는 사람이 되어라. 그런 행복한 고민을 하는 사람이 되기를 바란다.

07

대기업은
40대 중반이 되면
떠나야 한다

대학교를 졸업하고 나서 어떤 기업에 취업하고 싶은가? 대기업 쪽에 되기를 바라지 않는가? 아무래도 돈을 많이 받을 수 있기 때문이고 복리 후생을 고려했을 수도 있다. 대기업은 탄탄하고 부도가 나서 파산할 위험이 적다. 그래서 오래갈 수 있고 안심하고 다닐 수 있다.

그대 주변에서 삼성전자에 취업했다고 하면 축하해줘야 할까? 안쓰러워해야 할까? 나는 둘 다가 아닐까 싶다. 실제로 삼성전자에 다니는 사람과 대화도 해보았다. 쉴 새 없이 일하는 것도 힘든 부분이지만 내부 경쟁이 심한 곳이다. 기업 인지도는 높아서 좋고 돈도 적지 않게 받고 특히 연말이 되면 PS(Profit Sharing, 초과이익분배금)와 PI(Productivity Incentive, 생산성 격려금)를 받을 수 있어서 기쁜 곳이다. 사원들은 그것 때문에 한 해 동안 삼성전자에서 힘들었던 것을 떨쳐버리는 것 같다.

대학교를 졸업한 지 얼마 안 되는 사람들에게 대졸 초임 연봉으로 3천만 원대 초반 정도는 적은 금액이 아니다. 여타 많은 기업과 연봉을 비교해본다면 상위권에 속한다. 현대자동차 같은 곳은 대졸 초임 연봉이 수위권에 해당할 정도로 돈을 더 많이 준다. 그대 처음에는 이런 곳에서 일할 수 있어서 좋을 것이다. 취직하고 나면 번듯한 곳에서 일한다고 자부하고 살 수 있을 것이다. 그만큼 열정적으로 일하려고 할 것이고 그대가 일하는 그곳에서 인정받고자 부단히 노력할 것이다. 하지만 그대 안심하지 마라. 왜냐하면, 그대 평생 일할 수 있는 곳이 아니기 때문이다. 그대가 대학을 졸업하고 40대가 넘게까지 일하고 나면 대기업은 슬슬 그대를 내보낼 준비를 한다. 냉정하게 보면 대기업은 그대를 버리는 것이다.

사오정이라는 말을 들었는가? 40대 중반이면 정년퇴직이라는 말이다. 매스컴에서 자주 들을 수 있었던 단어다. 대비해야 한다. 그대는 이태백이라는 말도 들었을 것이다. 이십 대 태반이 백수라는 말인데 사오정이라니 멀게 느껴질 것이다. 하지만 그대에게 점차 다가온다. 가만히 있다가는 대책 없이 그대의 직장을 떠나게 될 수 있다. 그대 어떻게 해야 할까? 다시 취업해야 할 텐데 여간해서 어려운 일이 아니다. 현실적으로 보면 대기업에서 부장으로 일했던 사람이 퇴직하고 경비원 일자리도 구하기 어려워하는 사례도 있었다. 만약에 대기업에 취직했다면 마냥 기뻐할 일만은 아니다.

그렇다고 40대 중반 넘어서 모두 대기업을 떠나야 하는 것은 아니다. 확률이 아주 낮지만 대기업 임원이 되는 길이 있다. 군대로 비유해서 별을 다는 장군이 되는 것과 같다. 별 한 개를 다는 준장부터가 바로 대기업의 임원에 해당한다. 평사원에서 낮은 관리자가 되고 임원이 되면 더 나은 대우와 함께 대기업에서 더 오래 일할 수 있다. 하지만 아주 극소수의 경우다. 짐작하건대 대기업 사원 중에서 1% 이내 정도만 될 수 있다. 100명당 1명꼴인데 그만큼 되기 어렵다.

1990년대까지만 해도 오늘날처럼 그렇지 않았다. 평생직장 개념이 있었던 때였다. 그대의 부모님 세대가 해당한다. 대기업에 취직하면 걱정 없이 정년까지 일할 수 있었는데 60세 정도까지는 일할 수 있었기 때문에 좋았다. 그리고 퇴직하고 나서는 연금을 받으면서 생활할 수 있었기 때문에 넉넉하지는 않아도 먹고살 수 있었다. 하지만 1997년의 IMF 외환위기를 거치면서 많이 기업들이 도산하고 2000년대 초반부터 비정규직이 많아지고 대기업은 퇴직 연령을 낮추고 인건비 효율성을 추구하면서 오늘날과 같이 되어 버렸다. 노동자들은 준비되어 있지 않은데 말이다. 나는 정부가 나서서 일자리에 안정화를 기해야 한다고 본다. 물론 제한적이다. 국가 예산으로 해결할 수 있는 문제가 아니다. 복지만 해도 버거운 실정이다. 하지만 국가 권력과 의회가 나서서 챙겨야 할 문제라고 본다. 복지국가로 방향을 틀어야 하는 시점이 아닌가 싶다. 노동자만의 힘으로는 50대, 60대에 먹고살기가 어렵다.

그대 대기업에 취직했다면 잘된 일이다. 하지만 안심할 일이 아니다. 그대 나이가 더 많아지고 40대를 넘으면 그대는 회사를 떠나야 한다. 대졸 신입사원 나이부터 생각해보면 20년 정도밖에 일하지 못하는 것이다. 그대 어떻게 할 것인가? 혹은 그때 일은 그때가 되면 알아서 하겠다고 생각하는가?

제2의 취업이 관건이다. 아니면 창업이 해답이다. 제2의 취업은 실제로 많이 어렵다. 그대가 일한 경력을 인정받으면서 그대로 다른 회사에 옮겨가서 관리직으로 일하기는 어렵다는 말이다. 그렇다고 길이 없는 것은 아니다. 대기업에서 중소기업으로 옮겨가면 된다. 그대 대기업에 취직했다면 관련되는 중소기업을 잘 알아두기를 바란다.

중소기업 입장에서는 직무와 관련된 대기업에서 관리직으로 일했다면 40대가 넘었더라도 사원으로 받아들이면 유리하다. 어느 정도의 관리직은 주려고 할 것이다. 물론 연봉은 더 낮아진다. 감수해야 하는 부분이다. 이에 만족하지 않는다면 그대는 다른 길을 생각할 수밖에 없다.

08

중소기업에서
실력자,
핵심 인력이 되라

구직자들은 '일자리가 없다'고 하고,

기업담당자는 '사람이 없다'고 한다.

대졸 구직자들은 대기업에 취직하고 싶어 한다. 돈을 많이 받기 때문이다. 하지만 그대 아는가? 모든 기업 중에서 99%는 중소기업이라는 사실을 말이다. 그리고 노동자 중에서 88%는 중소기업에서 일한다. 중소기업에서는 실제로 사람이 없다고 한다. 꼭 인재를 바라는 것은 아닐 것이다. 사업장 규모가 사원 300명 이상이면 대기업이고 그 미만이면 중소기업으로 보면 된다.

대기업 취직에서 실패했다면 그대 중소기업으로 눈을 돌려라. 창업할 수 있는 여건이 아니라면 좋은 중소기업을 찾아서 지원하라. 여기서 말하는 좋은 중소기업은 기업의 재무건전성이 좋고 기술력이 탄탄한 기업을 말한다.

대기업인 삼성전자에서 만드는 스마트폰은 삼성전자 혼자 만드는 제품이 아니다. 스마트폰 안에는 수많은 부품이 들어가고 그러한 부품 중 상당수는 중소기업에서 납품을 받는다. 그렇다. 대기업과 중소기업은 공생관계이며 중소기업의 많은 제품이 대기업의 제품 속에 포함되어 들어가고 생산된다.

그대 중소기업만 힘들다는 인식은 하지 않는 것이 좋다. 삼성전자 같은 경우에는 휴식이 부족할 만큼 일을 시킨다고 한다. 한 프로젝트를 위해서 사내에 두 곳에 일을 주어서 내부경쟁을 시키기도 하는데 일반화된 것으로 보인다. 경쟁력을 높이기 위해서일 것이다. 하지만 사원들의 피로도는 높아진다. 그대 대기업에 가도 힘들게 일해야 한다.

어떤 중소기업은 연 매출이 1조 원을 넘는다. 대기업 못지않게 잘 나온다. 대단히 높은 기술력으로 세계적으로 인정받기 때문이다. 그대 대기업에 취업했을 때 일하고 나서 20년 후에 나와야 한다는 것을 고려하고 제2의 취업을 준비해야 하는 오늘날의 현실을 생각하면 차라리 좋은 중소기업을 봐두었다가 들어가서 60세까지 일하는 것이 더 낫지 않을까?

중소기업에서 실력자가 되는 편이 대기업에서 낮은 관리자로 일하는 것보다 더 나을 수도 있다. 연봉도 더 많이 받을 수도 있다. 대기업은 낮은 관리자가 나이가 40대가 넘으면 내보낼 준비를 하겠지만 중소기업에서는 실력자가 다른 곳으로 떠나지 않도록 더 잘해주려고 할 것이다.

대기업에서 일하다가 재취업 때 중소기업으로 자리를 옮겨서 일하는 경우도 있지만, 중소기업에서 일하다가 대기업으로 자리를 옮기는 경우도 있다. 대개 실력자가 이에 해당한다. 그대 대기업보다는 중소기업에 남아서 실력자가 되고 일인자가 되기를 바란다. 장기적으로는 더 나은 길이다. 대기업은 냉정하다. 오래가기 어렵다는 말이다. 중소기업에서는 그야말로 사람이 자산이다. 기술력과 노하우가 사람에서 나오기 때문이다. 중소기업에서 인정받아서 경영에까지 참여하게 된다면 대기업에서 자리를 비울 걱정을 하는 것보다 더 낫지 않을까?

대학에 다닐 때 기회가 있을 때 취업박람회와 기술박람회에 다녀보기를 바란다. 좋은 기술력으로 만든 제품을 들고 박람회에 나와서 기업을 홍보하는 중소기업들이 많다. 그중에서 전공 또는 관심과 일치하는 중소기업이 있다면 안내부스에서 명함을 받아두었다가 한 번 방문해서 상담해보라. 장기적으로 탄탄하게 일할 수 있는 곳인지 알아보라. 그대가 함께 하고 싶은 회사를 찾아두었다면 그대는 어느 정도 안심이 될 것이다. 중소기업에서는 사람이 아쉽다. 사람을 찾는다는 말이다. 그리고 오래 함께 일해줄 사람을 구한다. 기술을 전수하고 나면 얼마 되지 않아서 다른 회사를 찾아서 이직하는 사례가 잦아서일 것이다. 그럴 때는 중소기업으로서는 큰 손실이 된다. 그대는 이 중소기업 저 중소기업으로 옮기지 말고 그대가 보기에 안정성과 기술력이 있다고 보이는 기업을 찾아서 그곳에서 실력자가 되고 핵심 인력이 되어서 그대를 필요로 하게 만들기를 바란다.

단기적으로는 대기업 취업만이 좋게 보이겠지만 장기적으로 보면 중소기업 취업이 유리할 수도 있다. 실력에 따른 금전적인 보상도 못 하지 않을 것이다. 그리고 무엇보다 연차와 실력이 되면 그대는 중소기업에서 핵심 인력이 될 수 있다. 회사를 견인하는 역할 말이다. 임원이 되기에 더 유리할 것이다. 회사에서는 더욱 돋보인다. 하지만 대기업에서는 사원들의 수가 너무 많고 어느 정도 실력이 되어도 회사를 견인하는 역할을 하기는 매우 어렵다. 임원이 되기도 어렵다.

중소기업에서 시작하는 것이 꼭 좋은 것은 아니지만 그대 눈에 기회로 보이는 요소들을 가진 기업을 찾으면 대기업보다 나을 수 있다. 실무 경험을 다양하게 할 수 있고 실력자가 되기에도 더 빠르다. 핵심 인력이 되고 나면 그때부터는 대기업에서 받는 대우보다 더 낫다. 그대 좋은 중소기업을 찾아보라.

09

대학 4년이 아닌
40년을
봐야 한다

시야가 좁으면 멀리까지 볼 수 없다. 그렇게 되면 자신도 모르게 다가오는 위험을 빨리 알아차리기가 어렵다. 대학교 때 시야를 4년이 아닌 앞으로의 40년으로 잡아야 한다. 1990년대까지만 해도 시야를 10년 정도까지만 가져가도 충분했을 것이다. 경제가 잘 성장하던 시기였고 일자리도 많았으며 더욱이 계약직 일자리도 적었다.

대학생들이 앞으로의 인생에 대한 시야를 4년이 아니라 40년으로 가져가면 딱 60세가 된다. 왜 이렇게 시야를 멀리 가져가야 하는지 생각해보자. 바로 안정되지 못하기 때문이다. 대다수 노동자는 취업을 해서 일을 하고 임금을 받아야 먹고살 수 있는데. 그대 40대 중반이 넘고 나면 직장에서 떠나야 할 수도 있고, 그다음에 다른 직장을 구하든지 창업을 해서 먹고살아야 한다.

직장을 다시 구하는 것은 예상보다 몹시 어렵다. 생각해보라. 누가 40대 중반이 넘은 구직자를 좋은 조건으로 채용하려고 하겠는가? 물론 핵심 인력 같은 경우에는 다르다. 핵심 인력은 어디에서든 데려가려고 한다. 일하는 회사에서 핵심 인력이 될 자신이 있든지 다시 말하면 임원이 될 자신이 있는 게 아니라면 창업을 생각해야 한다.

20년 넘도록 직장만 다닌 사람이 그것도 회사에서 주어진 일만 하던 사람이 창업을 해서 사업을 꾸려나가기는 쉬운 일이 아니다. 실패할 가능성이 높다. 회사에서 받은 퇴직금을 창업에 써서 실패한 경우 다시 회복하기가 몹시 어렵다. 사회가 이런 경우에 회생시킬 수 있는 대책이 있어야 한다. 그렇지 않으면 가정 경제가 극

심하게 어려워진다. 그대 이런 상황을 깊이 고민해보면 그대 갈 길이 보일 것이다.

그대 가슴에 있는 꿈이 무엇인지부터 살펴보라. 한 번 사는 인생이다. 돈만을 위해서 산다면 인생이 힘들어진다. 회사만 왔다갔다하며 그렇게 살면 인생에 회의가 들 수도 있다. 20대의 젊은 때에 꿈을 펼치지 못했다면 40대 넘어서 재취업을 해야 할 때 꿈을 펼쳐라. 미리 준비하고 오래도록 준비한다면 가능성은 높아진다. 자신이 있다면 20대부터 꿈을 펼치는 것이 좋다. 꿈꾸는 인생은 멋있다. 가슴 속에서 에너지가 솟아나고 어제와 다른 오늘, 그리고 오늘보다 기대되는 내일이 기다린다. 20대에 그대가 가장 하고 싶은 일이 무엇인지 찾아보라. 그렇지 않으면 회사원으로 살아가게 될 것이다. 아니 회사원으로 살아가기도 어렵다.

대학에서 내일의 취업을 위해서 오늘 열정적으로 공부하는 20대 젊은이들이 꿈을 꿀 수 있는 사회가 되면 좋겠다. 누구나 마음먹고 성실히 노력하면 취업을 할 수 있고 사회에서 자기 자리를 가질 수 있는 사회가 되면 좋겠다. 아쉽지만 사회는 그렇지 못하다.

오늘날 젊은 사람들이 일할 직장이 적은 것은 이전 세대가 잘하지 못했기 때문이다. 미리 대비하지 못했기 때문이다. 그대 20대 젊은 사람들의 노동력은 국가를 견인하는 중추적인 힘이다. 하지만 이전 세대라고 할 수 있는 20년 전의 취업 때보다 훨씬 어려운 것이 현실이다. 그리고 경쟁은 치열해졌다.

서울에서 치러지는 9급 공무원 시험에 수많은 사람이 몰려서 경쟁률이 수백 대 일이라고 한다. 얼마나 취업 경쟁이 심한지 여실히 알려준다. 사실 공무원은 근무 환경이 좋은 측면이 있기는 하지만 딱히 좋은 직업 모델은 아니다. 월급이 적기 때문이다. 대기업에 비교한다면 쥐꼬리일 정도로 낮다. 그래도 많은 사람이 공무원 시험에 몰린다. 일하기 위해서고 먹고살기 위해서다.

아직 취업하지 못한 대학교 고학년들은 조바심이 날 것이다. 앞으로의 40년도 중요하지만 바로 앞날이 걱정이다. 무엇을 해야 할지 몰라서 방황하는 사람도 있을 것이다. 그럴 때 자신이 가장 잘할 수 있는 일이 무엇인지 찾아보라. 아니면 자기 적성에 가장 잘 맞겠다 싶은 일이 무엇인지 알아보라. 그렇지 않고서는 좋은 방향으로 나갈 수 없다. 그런 일은 저학년 때 할 수 있기를 기대한다. 시간이 흘러서 막상 취업 대열에 들어선 고학년에게는 이미 늦은 일이다.

그대 대학교 신입생이라면 여유를 가지고 그대의 대학교 4년 그리고 앞으로의 40년에 대해서 깊이 생각해보아야 한다. 앞으로 경제 현실이 어떻게 바뀔지 알 수 없지만 먹고살기가 더 어려워지는 것은 기정사실이다. 한국사회의 경제 동력이 꺼져가고 있다. 저성장 시대다. 일자리가 많이 늘어나기를 기대할 수 있는 국가가 아니다. 그리고 국가는 그대 한 사람에게 맞춰주지 않는다. 그대가 알아서 길을 찾아내고 기회를 만들어서 살아가야 한다.

앞으로의 40년 동안에 직업의 안정성을 꾀할 수 있다면 그대는 한편으로 성공했다고 말할 수 있다. 나아가 무엇보다 그대가 하고 싶은 일을 하면서 살 수 있는 그날을 만들어야 한다. 취업해서도 그대 자신의 역량을 갈고 닦아라. 단순한 스펙 만들기가 아니라 그대의 역량을 높이기 위해 노력하며 즐겨라. 가능하다면 국내 기업에만 머물지 말고 다국적 회사도 생각해보라. 외국 기업 말이다. 이제는 글로벌화 되었다. 많은 외국 기업이 한국 내에 지사를 두고 있다.

대학교 4년 동안 열정적으로 노력하고 그대 인생길에 대해서 로드맵을 그려보라. 앞으로의 40년까지 말이다. 미리 대비하지 않은 40년은 그대가 살고 싶은 대로 살기도 어려울 뿐 아니라 예상하지 못한 난관을 만날 수도 있다. 실직은 그중 한 가지다. 매너리즘도 그렇다. 그대가 하는 일에서 별 의미를 느끼지 못하는 것이다. 회사에 다니기 싫어지는 것이다. 하지만 그대가 미리 대비하며 원하는 일이 무엇인지 잘 계획한 삶이라면 적어도 후회는 하지 않을 것이다. 그리고 남들과 별로 다르지 않은 어려운 환경 속에서도 그대 나름의 가치를 부여하며 그래서 만족하며 살아갈 수 있다.

그대 대학교 4년에서 시야를 앞으로의 40년으로 확장시켜라. 한 회사에서만 잘되려고 노력하지 말라. 어느 회사에서도 잘될 수 있는 사람이 되도록 그대를 연마하라. 같은 계열에서 일하는 사람들 사이에서 실력자라는 말을 들을 수 있도록 하라. 기분 좋을 것이다. 그대를 함부로 대접하는 사람이 없을 것이다. 그리고 30대에 40대 중반의 파고를 넘는 사람이 되도록 준비하라. 그때에도 재취업할 수 있도록 다른 회사에 대한 정보력을 가지고 있어야 한다. 좋은 인맥도 필요하다.

나는 대기업이든 중소기업이든 장기적으로는 하기 나름이라고 본다. 단기적으로는 대기업이 더 낫다. 하지만 대기업에서 인정받지 못하면서 일하는 것보다는 중소기업에서 인정받으며 일하는 편이 훨씬 더 낫다. 그렇지 않겠는가? 대기업에서 상사의 눈치를 보면서 힘들게 일하는 것보다 중소기업에서 자신 있게 큰소리치며 일하는 것이 더 낫지 않겠는가? 그런 면에서 본다면 재취업의 경로가 중소기업이 되는 것도 나쁘지 않다. 오히려 더 높이 올라갈 기회가 될 수도 있다.

대학 4년 동안에 그대 시야를 넓혀서 앞으로 40년을 고민하는 사람이 된다면 더 열정적으로 노력하고 더 여유롭게 사는 사람이 될 수 있다. 그래서 그대가 더 열정적으로 일하는 만큼보다 훨씬 더 큰 보상을 받게 될 것이다. 어려움이 오히려 기회가 될 것이다. 많은 사람이 취업 앞에서 걱정할 때 그대는 가슴에서 원하는 일

을 향해서 준비되어 있을 것이다. 그리고 많은 사람이 다니는 회
사를 떠나야 할 때 그대는 한 번 더 도약할 수 있을 것이다.

10

20년 동안
준비한
아이디어

새로운 아이디어가 떠올라서 전율을 느낀 적이 있는가? 기존의 것과 다른 기발한 아이디어가 떠오르면 가슴에 기쁨이 차오른다. 대학생 때부터 아이디어에 관심을 가져보라. 그대만의 아이디어 말이다. 인생에서 꼭 하고 싶은 일이 있다면 그 꿈을 아이디어에 심어라. 그리고 오래도록 준비하라. 아이디어를 실현할 수 있도록 말이다.

20대에 취업하더라도 오랫동안 일하기는 어렵다. 이후 적어도

40년을 지속해야 하는데 오늘날에는 20년 남짓 일할 수 있을 뿐이다. 그대 이 시간을 오히려 기회로 만들어라. 그러면 그대는 위기의 때가 찾아오더라도 잘 지나갈 수 있을 것이다. 20년 동안 새로운 아이디어 한두 가지를 구축하라. 먹고살 수 있는 아이디어로 말이다.

40대 중반에 회사를 나와서 무언가 마땅히 할 수 있는 일이 없을 때는 창업을 생각한다. 좋은 예로 치킨 가게를 들 수 있다. 소자본으로 하기에 적합한 자영업이다. 그대 치밀한 준비 없이 창업에 뛰어들었다가는 그나마 가지고 있었던 퇴직금을 지키기도 어렵다. 하지만 치밀한 준비가 뒷받침된다면 달라진다. 20년 동안 그대만의 색깔을 지닌 아이디어를 구축하고 현장을 조사하라. 같은 치킨 가게를 하더라도 기발한 아이디어가 더해진 색다른 치킨 가게는 성공할 확률이 높아진다. 치킨 가게뿐만이 아니라 다른 자영업도 마찬가지다.

흔히 아이디어만 있으면 뭔가 일이 잘될 것 같지만 그렇지 않다. 사업은 잘될 때보다 잘되지 못할 때가 더 중요하다. 잘되지 못할 때 위기를 이겨내지 못하면 사업을 접어야 한다. 그렇기 때문에 위기의 때에 잘 헤쳐나갈 수 있어야 하고 어떤 위기가 있을 수 있는지 예측하고 있어야 한다.

그대 20대에 취업하더라도 한 가지 직업에 안주하지 말고 그때부터 20년 동안 좋은 아이디어를 발굴하라. 그대가 꿈꾸는 일이면 더 좋을 것이다. 그리고 치열하게 공부하라. 책을 읽으며 연구하고 아이디어와 직간접적으로 관련된 업계의 종사자들도 만나보면서 현장 감각을 익혀라. 자본과 기술력과 인맥이 있어도 사업 아이디어를 제대로 실현하기는 어렵다.

나는 TV 뉴스를 통해서 보았다. 40대 중반에 회사를 나와서 도무지 어떻게 해야 좋을지 모르는 상황을 겪고 있는 사람들의 모습을 말이다. 그때가 되면 40대 중반이 넘는 구직자들은 취업 시장에서 매력이 없다. 효용 대비 고비용이기 때문이다. 40대 중반이 넘는 나이 많은 구직자를 쓸 바에는 젊은 신입사원들을 뽑아서 저비용으로 활용하는 측면이 훨씬 이득이 많다. 그대 한 번 떠올려보라. 그대가 만일 대기업에서 또는 중소기업에서 일하다가

40대 중반에 떠나야 할 때 어떻게 할 것인가? 그렇다면 답은 분명해진다. 20년 전에 미리 준비하라. 20년의 시간을 확보하라. 대비된 사람은 그 후의 20년을 더 잘 살 수 있다.

남들이 생각하지 못한 아이디어를 갖춘다면 승산이 높다. 아무도 찾지 못한 영역을 선점해서 그대의 아이디어로 만드는 것이다. 회사에 다니는 중에도 발로 뛰며 아이디어가 승산이 있는지 점검해보라. 제2의 직업을 준비하는 것이라고 할 수 있다. 좋은 예로 옷 가게를 들 수 있다. 사람들은 대부분 예쁘고 날씬한 옷을 입고 싶어하고 그런 옷들을 찾는다. 그래서 대부분 디자이너도 그런 종류의 옷들을 만들어낸다. 하지만 이에 반해서 체중이 많이 나가는 사람에게 맞는 옷을 찾을 수 있는 옷 가게는 많지 않다. 가게에 가더라도 어렵게 구할 수 있고 또한 주문 제작을 하게 되면 비용이 만만치 않다. 이럴 때에 어떻게 하겠는가? 당연히 체중이 많이 나가는 뚱뚱한 사람들을 위한 옷 가게를 만드는 것이 좋은 아이디어다. 실제로 그런 창업 사례가 있었는데 장사가 잘 되었다고 한다. 뚱뚱한 사람들이 마음 놓고 살 수 있는 가게가 마련된 것이다. 역발상이 적용된 경우이다. 그대도 그렇게 해보라. 꼭 옷 가게가 아니더라도 좋다. 음식점이 될 수도 있다. 좋은 아이디어가 있다면 꼭 저비용을 추구하는 음식점이 아니더라도 승산이 있다.

단기간에 아이디어를 준비해서 40대 중반의 위기를 돌파하려고 하면 실패 확률이 높다. 그리고 실패한 다음에 일어서기란 더 어렵다. 막막해지는 것이다. 어떤 사람은 60세 정년까지 일할 수 있는 직장이기 때문에 흘려서 들을 수도 있다. 하지만 안심하지 말라. 어떻게 될지 모르는 일이기 때문이다. 불확실한 앞날에 대해서 가장 현명한 대처 방법은 미리 준비하는 것이다.

그대 대학교를 졸업하기 전부터 아이디어를 내보라. 평소에 꼭 해보고 싶었던 소규모 사업이 있다면 오래도록 구상하고 치밀하게 준비해서 40대 중반에 웃어라. 20대에 바로 시작할 수도 있겠지만 여러 면에서 불리하다. 경험이 적으며 자본금도 열세이기 때문이다. 20대에 취업해서 20년 동안 자기 아이디어를 준비하고 40대 중반에 승부수를 띄우기 바란다.

대기업에서 일한다고 해도 전망이 밝은 것은 아니며 그 이후도 보장받기 어렵다. 40대 중반을 넘기기도 어려운 냉혹한 현실이다. 그때 이후에 재취업이 되어도 임금 수준은 뚝 떨어진다. 그대 계산기를 가지고 그대의 앞으로의 20년과 40년을 계산해보라. 노후를 준비하기도 어려운 노동 현실이다.

20대 젊은 대학생이 돈을 벌기 위해 주식을 한다는 말을 들었던 적이 있다. 소자본으로 해볼 수 있는 아이디어다. 대학생 입장에서는 주식이 잘 되어서 큰돈을 벌면 아예 취업할 필요가 없어진다. 주식 투자가가 되면 더 좋은 것이다. 하지만 소액을 투자하는 개미 투자자들에게 주식시장은 언제나 위험성을 내포하고 있다. 그대 대학생이면 주식보다는 공부를 선택해서 노력하기를 바란다. 그대가 주식에 있어서 고수가 아니라면 말이다. 그대가 주식 고수인지는 모의투자를 해보면 알 수 있다. 주식을 매수하고 매도할 적절한 타이밍을 잡으려면 주식 시장에 대해서도 잘 알아야 하고 공부를 많이 해야 하며 좋은 종목을 발굴할 줄도 알아야 한다. 하지만 실전에 들어가면 개미 투자자들은 정보력에서 뒤처진다.

주식 투자를 하는 인구가 600만 명이 넘는다고 한다. 대한민국의 노동 인구 세 명 중 한 명이다. 회사에 다니면서 부업으로 하는 것이다. 왜 그럴까? 회사에 다니는 것만으로는 먹고사는 충분한 돈을 벌기 어렵기 때문이다. 그렇다고 주식 투자를 해서 높은 수익을 올리는 사람은 드물다. 주식도 사업 아이디어가 될 수 있지만 변동이 잦은 주식 시장에서 항상 이익만 보기는 어려운 일이다.

좋은 직장을 구해도 회사를 떠날 때 10억을 모아놓기는 어렵다. 그대 대학생 때 돈에 대해서도 현실적으로 생각해보아야 한다. 대기업인 LG전자에 취업해도 40대 중반에 회사를 떠나게 된다면 퇴직금은 수억 정도가 고작이다. 수억이면 많다고 할 수도 있겠지만 이후의 노후를 생각해보면 결코 많은 돈이 아니다. 돈이 전부가 아니지만 어느 정도 여유를 생각할 수 있는 정도는 10억 정도라고 본다. 물론 10억은 회사 생활을 통해서는 쉽게 접근하기 어려운 금액이다. 하지만 10억이 있어도 노후까지 대비하기는 쉽지 않을 것이다. 그대 좋은 아이디어를 발굴해서 10억보다 더 많은 돈을 벌 필요가 있다.

11

안정적으로
모험하고
차선책을 갖추어라

20대를 살고 있는 대학생들에게 40대 중반의 일은 아직은 먼 이야기다. 당장 와 닿지 않기 때문이다. 하지만 두렵게 느껴진다. 20대에 취업이 잘되어도 얼마나 일할 수 있을지는 불확실하다. 회사를 떠나야 할 때 새로운 모험을 해야 한다.

40대 중반은 모험의 시기다. 그대 모험할 때는 위험하다. 그러면 어떻게 모험해야 할까? 안정적으로 모험하라. 모험 자체가 안정과는 거리가 있지만 어떻게 하느냐에 따라 안정적으로 모험할 수

도 있다. 어떤 일을 계획하다가 잘되지 않았을 때를 대비하면 된
다. 그 일이 잘되지 않았을 때를 대비한 또 다른 아이디어 말이다.
그래서 대학생이 20대에 취업하더라도 20년 동안 두 가지 이상의
현실적인 아이디어들을 갖추기 바란다. 최선의 아이디어가 불발
되고 나면 어떻게 할 수가 없다. 그때 차선의 아이디어를 미리 준
비해놓고 있으면 두려움이 줄어든다. 차선책 말이다. 한 가지가 되
지 않았을 때 다른 한 가지를 가동할 수 있다면 모험은 훨씬 안전
해진다.

사회는 그대가 40대 중반이 되어서 넘어졌을 때 일으켜주지 않
는다. 그대 스스로 일어나야 한다. 자금이 충분하지 않은 사람들
에게 회사를 떠나서 자영업을 하는 것은 모험이다. 겪어본 일이
아니기 때문이다. 회사원 생활에 익숙한 사람에게 사업은 생소한
일이다. 그리고 사업은 현실적이고도 치밀한 노하우를 가지고 있
지 않으면 잘해내기 어렵다. 처음에 반짝하고 잘되는 시기가 있지
만 오래지 않아서 어려운 때를 만나면 문을 닫기도 한다.

20대부터 긴장하라. 취업하더라도 안심하지 말라. 40대 중반이

될 때까지 일만 하지 말라. 현명해져야 한다. 사회가 변화하면 사람들도 변해야 한다. 그리고 사회가 요구하는 것들을 잘 알아야 한다. 마음속에서 그대가 잘할 수 있는 일을 찾아보라. 최선의 것과 차선의 것 두 가지를 준비해서 40대를 준비하라.

자동차 운전을 오래 하면 타이어는 자연히 마모된다. 닳아서 두께가 얇아진다. 그리고 운전하다가 때로 타이어가 펑크 난다. 운전 중에 타이거가 펑크 나면 큰 어려움을 겪는다. 사고의 위험도 있다. 이럴 때 어떻게 하는가? 바로 스패어 타이어를 찾아야 한다. 대부분 자동차가 스패어 타이어를 한 개씩은 장착해서 가지고 다니는 이유가 여기에 있다. 평소 쓸모가 없을 때는 괜히 스패어 타이어를 가지고 다닌다 싶지만 이럴 때가 되면 이는 꼭 필요한 일이다. 고속도로를 달리다가 타이어에 펑크가 나면 움직일 수 없다. 고속도로 위에서 서성거리며 한참 동안 견인 차량을 기다려야 한다. 그런 상황에 비해 보면 스패어 타이어를 가지고 있다가 펑크 난 타이어와 교체해서 운전한다면 원하는 곳까지 훨씬 여유롭게 갈 수 있다.

차선책을 갖추는 것은 그대의 인생길에서 스패어 타이어를 한 개 장착하는 것과 같다. 오랫동안 준비해서 안정성을 높이기 바란다. 누구나 모험하고 싶지는 않을 것이다. 불확실하기 때문이다. 그때 현실적이고 좋은 차선책을 가지고 있다면 마음이 놓이게 된다. 차선책은 그대가 원하는 직종으로 바꾸는 것이 될 수도 있다. 아니면 대기업에서 중소기업으로 가는 것이 될 수도 있다. 또는 창업해서 가게를 차리는 것이 될 수도 있다. 이 외에도 그대가 원하는 일을 준비하면 된다.

모험을 잘하지 못했을 때는 일어설 길이 별로 없다. 돈을 빌리기도 어렵다. 사회는 모험을 잘 못해서 신용 불량에 빠진 사람에게, 부도를 맞은 사람에게 냉정하다. 만약에 그런 사람이 모험이 잘 안 되었을 때를 대비해 차선책을 먼저 생각해 두었다면 모험으로 파산할 지경까지 몰리지는 않을 것이다.

새로운 사업을 하다가 일이 잘 풀리지 않고 어려움에 처하면 손해를 줄이는 쪽으로 사업을 멈추어야 한다. 손해를 안 보려고 본전 심리에 사업을 계속 지속하다가 더 큰 손해를 입기 때문이다.

이럴 때 차선책이 미리 준비되어 있다면 그 차선책으로 감당할 수 있는 데까지만 지속해야 할 것이다.

차선책을 미리 마련하고 진행하는 모험은 위험성이 떨어진다. 차선책 없이 만약에 실패한다면 얼마나 타격이 크고 힘들겠는가? 그럴 때에 차선책을 갖추어 놓았다면 정말로 기쁠 것이다. 최선책이 가능하지 않을 때 차선책을 선택해야 한다. 그대 최선책만 생각하지 말고 그 일이 잘되지 않았을 때를 대비한 차선책도 함께 생각하라. 그대 모험을 하더라도 보다 안전하게 할 수 있을 것이다.

나 는 · 힘 든 · 청 춘 들 에 게 · 힘 이 · 되 고 · 싶 다

PART 3

제대로
천천히 가는 사람이
끝내 이긴다

01

생각을 많이 하는
생각 전문가가
되어라

"나는 생각한다. 고로 나는 존재한다."

프랑스의 철학자 르네 데카르트가 했던 말이다. 사람은 하루에도 수많은 생각을 하면서 살아간다. 사람은 생각하는 존재다. 그대 생각을 잘하는가? 대학에 다니면서 수많은 일을 겪으며 그에 관해 많은 생각을 하는가? 지금까지 그렇지 않았다면 앞으로 그대와 직간접적으로 관련이 있는 일들에 대해서 많이 생각해보라. 그래서 생각의 전문가가 되어라.

생각을 많이 하게 되면 생각에 익숙해지고 생각하는 것에 능숙해진다. 그러면 더 좋은 선택을 할 수 있다. 아르바이트를 하더라도 어떤 아르바이트를 할지 잘 생각해서 내린 선택은 그렇지 않고 즉흥적으로 내린 선택보다 더 나을 가능성이 높다. 여러 조건을 고려할 것이기 때문이다. 좋은 선택을 만들어내기 위해서는 생각을 많이 해야 한다.

대학교 이후의 길을 놓고서는 더욱 생각을 많이 하고 잘해야 한다. 시간을 두고서 말이다. 질문도 하며 생각의 방향을 넓혀야 한다. 취업을 고민한다면 어떤 기업이 좋을지 생각해보고 자신의 적성에 대해서도 많이 생각해보아야 할 것이다. 생각 없이 무턱대고 내린 선택은 그대를 더 힘든 길로 안내할 수도 있다는 것을 알아야 한다.

한 가지 일에 대해서 '한 시간' 동안 생각할 수 있는 힘을 기른다면 그다음에 내리는 그대의 선택은 더 좋아질 것이다. 석유를 시추할 때 바닷속을 뚫고 들어가듯이 생각은 어떤 문제 속에 파고들어 가는 것이다. 깊이 파고들어 가서 원유를 퍼 올려야 한다.

그와 같이 그대도 어떤 깊고 좋은 선택을 내리고 싶으면 앞에 놓인 일을 놓고서 생각하며 파고들어야 한다.

다양한 생각을 얻기 위해서는 다른 사람의 생각도 알아볼 필요가 있다. 한 가지 좋은 방법이 있다. 네이버 인터넷 웹페이지에서 검색해보라. 다른 사람들이 내놓은 질문과 답변 사항을 체크해보면 그대와 다르게 생각한 사항들을 알아낼 수 있다. 한 사람의 질문에 열 가지가 넘는 답변이 달린 경우도 있다. 한 사람 한 사람 따로 물어보기에는 시간이 너무 많이 걸린다.

살다 보면 중요한 일인데 채 한 시간도 생각하지 않고 선택을 내리는 경우가 많다. 그대 혹시 대학교를 선택할 때 한 시간 넘게 생각해보았는가? 그대의 적성에 대해서는 한 시간 넘게 생각해본 적이 있는가? 아니면 그대의 전공에 대해서는? 아마도 대부분은 수능시험 성적에 맞춰서 대학교에 지원했을 것이다. 그만큼 사람들은 실제로 잘 생각하지 않는다.

인생에는 잘 풀리지 않는 어려운 일이 많다. 한 가지를 풀어내는 것만 해도 힘든 일이다. 대학생에게는 그중 한 가지가 취업이다. 취업에 대해서 여러 방면으로 다양하게 생각해보고 그대가 선택한다면 적어도 취업한 다음에 후회는 적을 것이다. 미처 생각하지 못한 부분 때문에 울상 지을 필요도 없을 것이다.

생각의 전문가가 되면 어려운 일을 만났을 때 자연스럽게 대처할 수 있다. 복잡한 일을 만나도 생각하는 연습이 되어 있어서 잘 해결할 수 있다. 그대 난처한 처지에 처했을수록 많이 생각해보라. 다음에는 그렇게 되지 않을 수 있다. 그러면서 점차 생각의 전문가가 되어간다. 생각을 많이 함으로써 과거의 좋지 않았던 선택을 미래에는 더 좋게 만들어가는 것이다.

특히 대학에서 강의를 듣는 동안에는 생각을 많이 하며 적극적으로 공부하라. 가볍게 공부한 내용은 쉽게 흘러가버리고 만다. 치열하게 생각하며 의문점으로 공부한 내용은 그대의 삶에 남아서 각인되고 양분이 될 것이다. 누가 대신 생각해주지 않는다. 스스로 생각해야 한다. 생각하며 받아들인 지식은 오래가지만 무턱대고 받아들인 지식은 하루가 지나고 나면 남지 않는다.

대학교에 다니는 동안에 지식 자체보다 원리에 대해서 많이 생각해보아야 한다. 원리에 익숙한 사람이 되면 인생을 살아가는 원리도 잘 익힐 수 있다. 원리는 외운다고 그대로 실행할 수 있는 게 아니다. 지식은 외우고 나면 바로 써먹을 수 있지만 원리는 많이 생각하며 깊이 이해하고 체득해야 한다. 인생을 살아가는 데는 지식보다 원리가 우위를 점하는 것 같다. 그대 생각을 많이 하면 원리에 강해진다. 처음에는 어렵게만 느껴지던 일이 점차 간단하게 보이기 시작하고 가볍게 느껴지기도 하며 어려운 일을 풀어갈수록 원리도 함께 풀린다.

"20대로 다시 돌아간다면 무엇을 가장 하고 싶습니까?"라는 말을 들을 때가 있을 것이다. 그대 다시 돌아가도 오늘 내리는 선택과 같아지도록 그래서 후회가 없도록 만들어라. 다시 돌아갔을 때 예전의 선택과 같이 선택해도 후회하지 않는다고 말할 수 있어야 한다. 그만큼 오늘을 살면서 충분히 생각해야 한다.

혜안이 있는 생각이 큰 차이의 결과를 만들 수 있다. 그런 혜안은 생각하는 연습을 통해서 만들어진다. 생각을 연마하며 생각의 전문가가 되어라. 하루에 자기 전에 삼십 분에서 한 시간 정도 생각하는 시간을 마련해보는 것도 좋다. 오늘 있었던 일 중에서 풀어야 할 어려운 일에 대해서 파고들어 보는 것이다. 또한 내일이 오기 전에 내일 있을 일에 대해서 미리 생각해볼 수도 있다. 그러면 일을 미리 대처할 수 있고 더 좋은 방향으로 선택을 내릴 수 있다.

삶 속에서 생각하는 시간을 만들어두고 생각하는 연습을 해라. 그러면 생각의 전문가가 될 것이다. 다양하고 폭넓게 생각하며 다른 생각들도 받아들이며 더 좋은 생각으로 진화시킬 수 있다. 그러면 그대의 삶은 원하는 대로 제대로 갈 수 있다.

02

통찰력이
판단력을
키운다

미국의 메이저리그 소식을 실시간으로 전해 들을 수 있고 유럽의 경제 소식도 오늘 내로 전해 듣는 정보화 시대에 살고 있다. 많은 정보가 스쳐 지나가고 있다. 생각할 틈도 없이 쏟아지는 많은 정보 탓에 심사숙고할 여유가 줄어든 것이 사실이다. 얼마 되지 않은 정보로는 좋은 판단을 내릴 수 없다. 그대 20대에 통찰력에 관심을 기울여라. 통찰력은 전체를 들여다보고 살펴볼 수 있는 고도의 능력이다. 통합적이고 총체적인 모습을 따지고 가늠하게 한다.

통찰력이 있으면 더 좋은 판단을 내릴 수 있다. 그대의 인생에 대해서 통찰력이 좋아야 한다. 그렇지 않으면 단순하게 한두 가지 정보만으로 판단하게 되고 잘못된 판단을 내릴 수 있다. 좋아하는 일, 잘할 수 있는 일, 하고 싶은 일 등 모두를 복합적으로 생각하려면 통찰력이 좋아야 한다. 꿈을 설정할 때도 통찰력이 있어야 한다. 통찰력이 충분하지 않다면 그대의 인생은 잘못된 방향으로 나아갈 것이다.

20대의 10년 동안 다양한 요소를 함께 살피는 통찰력을 기르도록 노력하라. 한두 가지 정보를 들었다고 섣불리 판단해서는 안 된다. 치우친 판단은 잘못된 방향으로 이끌 것이다. 하지만 통찰력이 있으면 그대는 후회하지 않을 판단을 내리게 될 것이다.

많은 정보를 담고 있는 신문을 구독하는 것도 통찰력을 기르는 데 좋다. 책을 많이 읽는 것도 통찰력을 좋게 한다. 하지만 무엇보다 중요한 것은 판단을 유보하고서 섣부른 판단을 내리지 않은 채 다양한 요소를 균형 잡힌 시각으로 바라보는 것이다. 선입견이 개입되면 통찰력 깃든 판단을 내리지 못한다. 선입견을 배제하라.

그렇지 않으면 더 중요한 것을 놔두고 덜 중요한 것을 선택하게 될
것이다.

　사람을 사귈 때에도 한 면만 보고서 판단하지 않는 것이 좋다.
시간을 두고서 잘 지켜보아야 한다. 사람은 다양한 모습을 가지
고 있기 때문이다. 통찰력이 있으면 다양한 모습을 골고루 살펴서
생각할 수 있다. 그리고 시간에 따라서 신중하게 살펴보기 때문에
실수를 줄일 수 있다.

　20대에 통찰력 있는 사람이 되어라. 통찰력 있는 사람은 드물
다. 대부분 한두 가지 요소를 말하고 전체적인 시야를 가지고 말
하는 사람은 찾아보기 어렵다. 그만큼 통찰력을 가지기도 어렵다.
통찰력이 있으면 그대는 다른 사람들보다 더 나은 대답을 찾을
수 있게 되고 더 나은 조언을 할 수 있게 된다.

　취업하기 전에 그대가 충분한 통찰력을 가지고 원하는 회사를
선택했는지 점검해보라. 한두 가지 요소만 보고 선택했다면 유보
하라. 위험한 판단일 수 있다. 예를 들어 돈만 많이 준다면 좋은

회사일까? 그렇지 않다. 돈을 상대적으로 적게 받아도 좋은 회사가 있고, 돈을 많이 받아도 좋지 않은 회사가 있다. 돈뿐만 아니라 근무 환경 조건, 복지 조건, 교통 조건 등도 있다. 이런 면을 다각도로 살펴볼 수 있다면 통찰력이 있는 것이다. 통찰력이 있으면 더 나은 것을 발견할 수 있다. 남들이 보기에는 안 좋아 보이는데 그대에게는 좋은 회사로 보일 수 있다. 남들이 찾기 어려운 부분을 살펴볼 수 있기 때문이다. 많은 회사 중에서 가장 좋은 곳을 찾아낼 수도 있다. 모든 회사보다 낫다는 의미가 아니라 그대에게 가장 좋은 회사라는 의미다.

통찰력이 있는 사람은 자신이 꿈꾸는 일을 향해서 나아갈 가능성이 더 높다. 왜냐하면, 무모하게 생각하지 않고 자신의 역량에 알맞게 생각할 수 있기 때문이다. 자신에 대해서 잘 알지 못하고서는 제대로 판단할 수 없다. 통찰력이 있으면 자신이 가지고 있는 요소들과 회사가 가지고 있는 요소들을 전체적으로 그리고 복합적으로 잘 생각해서 판단을 내릴 수 있다.

통찰력을 기르려면 한 가지 주제에 대해서 여러 정보를 모으고 가중치를 매겨보는 연습을 해보는 것이 좋다. 다양한 요소들을 두고 더 중요하고 덜 중요한 것들을 가려내는 일이다. 그런 면에서 통찰력이 있으면 그대는 더 중요한 것은 집중하고 덜 중요한 것은 밀어낼 수 있다. 20대에 통찰력이라는 단어를 잡아라. 그대의 인생이 나아질 것이다. 날마다 더 좋은 판단들로 채워질 것이다.

사람마다 습관이 있듯이 생각에도 습관이 있다. 습관은 고정적이다. 통찰력은 사고의 습관 때문에 단시간에 나아지지 않는다. 생각하는 연습을 해야 한다. 순간적으로 드는 생각을 제어하고 갑작스러운 판단을 유보할 수 있는 힘을 길러야 한다. 쉬운 일이 아니다. 힘들고 고되다. 하지만 신중해지고 그대의 판단은 더 좋아진다.

그대의 생각을 글로 써보는 것도 통찰력을 기르는데 좋다. 많은 생각을 모아보면 한 가지 주제에 대한 그대만의 생각들을 들여다볼 수 있다. 어렵게 글 쓰지 않아도 된다. 단순한 메모들이라도 괜찮다. 그대의 생각을 들여다보는 것이 중요하다. 보다 전체적이고 보다 통합적으로 판단하려면 그런 과정을 겪으면서 통찰력을 길러야 한다.

통찰력이 있으면 최선을 다하는 개념에서 최적의 노력을 하는 개념으로 진화할 수 있다. 열 시간의 노력만 있으면 되는 일인데 만약에 스무 시간의 노력을 기울여서 해냈다면 잘한 것이지만 오히려 열 시간을 낭비한 것이다. 최선의 개념에는 낭비가 있을 수 있다. 하지만 최적의 개념에는 낭비가 급격히 줄어든다. 적합한 노력을 예상하고 노력하기 때문이다. 밥을 먹는 것을 생각해보면 좋다. 최선을 다해서 밥 먹는 것은 비만을 부른다. 배가 부르고 나면 후회하기도 한다. 하지만 적합하게 밥 먹는 것은 몸을 더 건강하게 만든다. 몸도 가벼워지고 더 좋다.

그대의 생각들을 적고 모아라. 메모가 효율적일 것이다. 그대가 미처 생각하지 못했던 더 중요한 생각도 찾을 수 있을 것이고, 중요하다고 생각했던 요소가 별로 중요하지 않다는 것도 깨닫고 그것을 잡으려고 시간을 소모하지 않게 될 것이다. 통찰력이 높아질수록 그대는 더 좋은 생각을 발견할 수 있다. 그리고 그 생각은 더 나은 판단을 내리게 한다. 생각을 모으는 과정을 겪으면 뛰어난

화가가 풍경을 몇 번 보고 그림을 전체적으로 스케치하고 그려내
듯이, 그대도 통찰력이 좋아져서 점차 생각들을 적지 않고도 생
각을 전체적으로 스케치하고 그려낼 수 있게 된다.

03

신중하면
더 좋은 것을
선택할 수 있다

속도 경쟁이 일반화된 시대다. 더 빠른 것이 더 좋은 것으로 인식되기도 한다. TV 뉴스에서는 연일 더 빠른 데이터 다운로드가 가능한 스마트폰 서비스 광고를 내보낸다. 그대 빠른 것이 좋은가? 빨리 가는 것보다 제대로 가는 것이 훨씬 더 중요하다.

대학과정도 빨리 끝마치는 방법이 있다. 대학 졸업은 학점을 이수하고 자격 요건을 갖추면 되기 때문에 매 학기 돌아오는 계절학기 수업을 이용해서 많은 학점을 이수하면 졸업을 빨리할 수 있다. 4년 동안 다녀야 하는 대학교를 3년 반에 또는 더 빠르면 3년 만에 마칠 수도 있다. 등록금을 아끼는 방법이기도 하다. 하지만 그렇게 하지 말라. 빨리 가다 보면 중요한 것을 놓칠 수 있다. 조기 졸업했다고 더 우위에 서는 것은 아니다. 혹사당할 수 있기 때문에 오히려 성적이 더 나빠질 수 있다.

"돌다리도 두들겨보고 건너라."는 속담이 있다. 돌다리는 튼튼하지만 혹시 또 모르기 때문이다. 신중하라는 말이다. 돌에 균열이라도 있다면 위험해진다. 그대 대학교 때 신중해져야 한다. 아무래도 여러 가지 중에서 한 가지를 골라야 한다면 생각 없이 막 고르는 것보다는 신중하게 생각해보고 고르는 편이 더 낫다. 왜냐하면, 신중하면 더 좋은 것을 볼 수 있기 때문이다.

인생의 꿈을 그릴 때 신중하라. 그대 자신만의 특성을 잘 알고 잡아야 한다. 백화점에 가서 옷을 고르듯이 그대가 좋아하는 것만 골라서는 안 된다. 그대의 꿈을 통해서 밥을 먹고 살 수 있겠는지, 그렇게 하면 돈은 얼마나 벌 수 있는지, 그리고 그 꿈이 실현 가능성이 있는지 등을 신중하게 잘 따져보라.

주변을 보면 그대는 빠른 것에 휩쓸리기 쉽다. 시내에 나가면 빠른 인파에 잠깐 잘못하면 휩쓸리듯이 그대는 길을 잃을 수도 있다. 빠른 것은 섣부른 선택을 내리게 한다. 속도가 다가 아니다. 빠른 것보다 제대로 된 것이 더 중요하다. 그대의 인생을 빠르게 사는 것보다 제대로 사는 데 중점을 두어야 한다. 그러면 후회를 줄이게 된다. 지나고 나서 후회한다는 것은 그만큼 선택을 잘하지 못했다는 것이다. 이것이 아니라 다른 것을 선택했으면 더 좋았을 거라는 미련이다. 그런 후회를 하지 않으려면 그대는 선택에 앞서서 신중해지는 연습을 해야 한다.

그대의 인생길을 정하는 취업에서는 하루, 이틀, 그 이상이라도 신중하게 생각해보고 결정을 내려야 한다. 그 한 번의 선택이 앞으로의 20년 또는 40년의 삶을 결정하기 때문이다. 한번 선택하고 나면 돌이키기 어렵다. 도중에 다른 것을 선택하려면 더 힘들다. 신중해서 나쁠 것은 없다. 약간의 시간을 더 쓰는 것은 오히려 신중하지 못해서 또 다른 것을 선택하느라 그때까지 들어간 시간을 소모하는 것에 비하면 이득이다.

　　임진왜란 때 이순신 장군은 신중한 사람이었다. 스물세 번의 해전 중 스물세 번 모두 승전했다는 것을 보면 잘 알 수 있다. 육지에서 변방에 있었을 때 패전을 한 적이 있었는데 그 일을 되풀이하지 않기 위해서도 그랬던 것 같다. 적을 한 번 이기고 나면 승리에 도취하기 쉽다. 높은 사기가 오히려 독이 될 수도 있다는 말이다. 신중하지 않았더라면 열세를 띤 함대로 적군을 만나서 잘 싸우기 어려웠을 것이다. 연승하면서도 계속 승전을 이어가려면 신중하고 또 신중해야 한다. 한 번 진 적이 또 지지 않기 위해서 더욱 신중해질 것은 분명하다. 하지만 원균은 신중하지 않았다. 잘 갖추어진 함대를 운용해서 적을 침략했지만 신중한 결정이라고 보기는 어렵다. 신중했다면 백 대가 넘는 함선으로 구성된 대규모 함대를 이끌고 공격하다가 대부분 함대를 잃었던 칠천량 해전은 없었을 것이다.

　　이후에 있었던 명량 해전은 그야말로 절체절명의 순간이었다. 열세 중의 열세였기 때문이다. 거센 해류 조건도 넘기 어려운 적이었다. 하지만 이순신 장군과 13척의 조선 수군 함대는 133척의 대규모 적군을 명량에서 만나서 기어코 승리했다. 신중하게 대비하지 않았으면 불가능한 일이었다. 명량 해전의 승전으로 조선 수군은 남해의 제해권을 지킬 수 있었고 적군이 바닷길을 통해서 조선의 수도로 진격하는 일을 막을 수 있었다. 그리고 임진왜란의 전세를 급반전시킬 수 있었다.

대학생들도 전투를 치러야 한다. 취업 전쟁에서 말이다. 어느 때보다 불확실성이 높은 시대다. 어느 쪽으로 나아가더라도 보장된 것은 없다. 그리고 취업 전쟁에서 잘하더라도 40대 중반을 넘기 어렵다. 그대 신중하게 선택한다면 그런 위험을 피하면서 60세까지 도달할 수 있을 것이다. 신중하면 불확실성을 줄일 수 있다. 시간을 두고서 깊이 고민하는 것이다. 어떤 길이 더 좋을지 어느 쪽이 그대에게 더 나을지 많이 생각해보아야 한다.

신중하게 내린 판단은 그대를 더 나은 곳으로 이끌어줄 것이다. 순간의 기분으로 내린 선택보다 더 유리한 길이다. 조건만 맞추어서 내린 선택보다 더 확실한 길이다. 신중하라. 더 좋은 것을 선택할 수 있다.

04_

빨리 가려면
천천히
달려야 한다

자동차를 타고서 고속도로를 달리다가도 곡선 길이 나오면 속도를 줄여야 한다. 그렇다. 곡선 길에서는 속도를 줄이며 부드럽게 회전해야 한다. 급가속하면 사고가 날 수 있다. 인생길도 대부분 곡선 길이다. 직선 길은 보기 어렵다. 왜 그럴까? 장애물이 많기 때문이다.

그대가 직선 길로 가고 싶어도 문제라는 장애물이 끼어들면 멈추어서 생각해야 한다. 문제를 무시하고 지나가려고 하면 충돌하게 될 것이다. 그러면 그대는 더 힘들어진다. 그대 갖가지 문제들을 만나게 될 것이다. 그때마다 빨리 가려고 하면 오히려 더 늦게 간다는 것을 알아야 한다. 오히려 느긋하고 여유로운 마음을 가지고 문제를 직시하라. 문제를 풀기 위해서 시간을 아까워하지 말라. 많은 문제를 겪을수록 그대는 더 노련해질 것이다. 문제는 앞으로 다가와서 그대가 바로 나아가지 못하게 막아선다. 어려운 문제를 풀수록 그대는 더 빨리 달릴 수 있다. 천천히 달려야 오히려 빨리 갈 수 있다. 인생은 많은 문제로 둘러싸인 곡선 길로 이루어져 있기 때문이다.

그대 문제가 생길 때 어떻게 하는가? 장애물이 그대를 막아설 때 어떻게 하는가? 치워버리는가? 아니면 무시하는가? 그대가 그냥 무시해버리면 그 문제는 그대로 남아서 인생을 잡아끌 것이다. 문제는 풀어야 한다. 문제는 받아들여야만 풀 수 있다.

대학에 다니다 보면 많은 문제를 만나게 될 것이다. 성적이 잘 나오지 않거나, 이성 친구를 만나는 데 어려움을 겪거나, 아르바이트를 하는데 너무 힘들거나, 돈을 많이 쓰고 싶은데 용돈이 부족하거나, 친구를 많이 사귀고 싶은데 사교성 부족하거나, 책을 많이 읽고 싶은데 시간이 부족하거나, 스펙을 잘 갖추고 싶은데 언어연수를 가기 어렵거나, 취업할 곳을 잘 알아보고 싶은데 정보가 부족하거나 등이다. 이런 많은 문제에 둘러싸여서 대학을 다닌다.

많은 문제 탓에 힘들 때는 시간이 오래 걸리더라도 한 번에 한 문제씩 대하라. 그리고 문제가 잘 풀리지 않을 때는 나이가 더 많은 선배나 교수님에게 찾아가라. 대화하라. 그들의 이야기를 듣다 보면 문제를 풀 실마리를 찾을 수 있을지도 모른다. 그들은 적어도 그대보다 경험이 더 많다. 그대만의 멘토를 두고 있다면 멘토에게 가서 그대의 문제를 풀어놓아라.

문제를 대하고 있는 자체로 그대는 잘하고 있는 것이다. 문제를 무시하고 직선 길에서 달리는 것보다 오히려 더 빨리 가게 될 것이다. 문제가 곧 풀리고 나면 그대는 안도감을 느낄 수도 있다. 문제 앞에서 조급해하지 말라.

 나는 힘든 청춘들에게 힘이 되고 싶다.

세상에 문제없이 사는 사람은 한 명도 없다. 각기 저마다의 문제를 안고 살아간다. 대학생들도 학교에서 부닥치는 여러 문제를 안고 살아간다. 그대 문제들을 만났을 때 단기적인 문제와 장기적인 문제로 나누어서 생각해보라. 그리고 시간 여력이 더 있는 문제는 더 천천히 풀어라. 그리고 문제가 풀리지 않는다고 해도 그대는 적어도 문제 앞에서 최선의 노력을 다한 것이다.

문제 대부분에는 해답이 있다. 1+1=2와 같이 간단하게 답이 나오는 문제는 없겠지만 성적이 잘 나오지 않는다면 그대는 어떻게 공부하고 있는지 살펴보아야 하고 공부를 잘하는 사람에게 찾아가서 조언을 구해볼 필요가 있다. 그렇게 하지 않고 혼자서만 생각하고 있다가는 문제는 풀리지도 않고 그대의 성적은 나아지지도 않을 것이다.

자동차를 타고 고속도로 위에서 쌩쌩 달리듯이 살 수만 있다면 인생이 얼마나 신 나겠는가? 하지만 현실은 그렇지 않다. 오늘도 내일도 그다음 날도 문제가 생길 수 있는 것이 인생이다. 대학생 때 문제 해결능력을 갖추어라. 장애물과 같은 문제를 뛰어넘는 기술을 쌓아라. 문제를 넘어서는 데 점점 익숙해지고 노련해지면 그대는 문제가 점점 줄어들고 그대의 삶은 더욱 빨라질 것이다.

문제를 잘 풀게 되면 그대의 근심과 걱정이 줄어들고 비로소 그대의 마음이 편안해진다. 그때는 다른 누군가를 찾아가지 않아도 그대 스스로 문제를 다스릴 수 있게 된다. 문제를 풀어내는 노하우가 많아지기 때문이다. 그때는 다른 누군가의 문제를 풀어주는 사람이 되어라. 그러면 보람을 느낄 것이다. 그대가 어떤 문제로 힘들어할 때 누군가를 찾아가서 해답을 얻곤 했듯이 그대도 다른 누군가가 힘들어하며 그대의 경험을 듣고 싶어 할 때 문제를 풀었던 경험을 나누어 주어라.

문제를 잘 푸는 사람이 되면 흔들림이 없다. 비바람이 풀고 태풍이 와도 뿌리 깊은 나무는 잘 견디고 뽑히지 않은 채 자기가 있는 자리를 잘 지키는 것과 같다. 오히려 문제를 즐길 수 있다. 어려움을 즐기는 것이다. 어려움 자체는 힘들지만 문제 자체를 직시하고 풀어나가다 보면 일종의 즐거움 같은 것이 생겨난다.

그대 인생은 고속도로가 아니다. 문제라는 장애물이 많은 곡선 길이다. 가속 페달보다 브레이크를 더 잘 밟아야 한다. 브레이크를 밟지 않고 가속만 하다가는 문제와 충돌하게 될 것이다. 문제와 충돌하면 회복하는 데 더 많은 시간과 에너지를 쏟아야 한다.

문제를 만날 때 문제 앞에서 당당한 인생이 되어라. 문제 앞에서 자신 있는 인생이 되어라. 대학에 다니면서 겪는 많은 문제 가운데서 당당해지고 자신 있어진다면, 그대는 대학 졸업 후에 만나는 문제들 앞에서도 쉽게 흔들리지 않을 것이다.

때로는 축구경기에서처럼 문제로부터 태클을 당할 수도 있다. 대비하지 못한 채 태클을 당하면 넘어지게 된다. 공중에 떠서 땅에 떨어지면 무척 아프다. 부상이라도 당하면 다음 경기를 뛸 수 없다. 인생에서는 때때로 축구경기의 태클과 같이 예상하지 못한 문제로부터 태클을 당할 때도 있다. 그대 그런 경우를 만나면 당황하지 말고 그라운드 위에 누워 있어라. 잠깐 동안 말이다. 빨리 일어나면 부상을 초래할 수도 있다. 잠깐이지만 그라운드 위에서 쉬는 것이다. 천천히 대응하는 것이다. 너무 빨리 일어나서는 문제에 잘 대응하기 어렵다. 그리고서 의연하게 일어서면 된다.

　빨리 가고 싶은 조급한 마음은 문제와의 경기를 망치게 한다. 문제와 경기해보라. 도전해보라. 문제와 경기한다는 적극적인 마음을 가지면 그대는 더 많은 것을 얻게 된다. 풀지 않은 문제는 사라지지 않고 또다시 나타나게 된다. 자동차를 타고 고속도로 위에서 질주하고 싶어도 하루하루를 빨리 나아가고 싶어도 문제가 그 앞을 가로막는 것이다. 그럴 때 문제를 잘 응시하고 문제를 분석하라. 문제가 어떤 것인지 알아내는 시간을 즐겨라. 그런 시간이 이어질수록 그대는 문제 앞에서 더욱 노련해질 것이다. 그리고 다음에 또 같은 문제를 만날 때는 그대는 이미 쌓아둔 노하우로 능숙하게 문제를 풀고 앞을 향해서 달려나갈 수 있다.

　대학에 다닐 때 많은 문제를 겪을 것이다. 그리고 대학을 졸업한 다음에도 문제를 만날 것이다. 나무가 가만히 있고 싶어도 부는 바람이 흔들어서 가만히 있지 못하는 것과 같다. 그대 대학교 때 문제를 만나거든 자연스럽게 대응하라. 갑작스럽게 대응할수록 여유를 잃게 된다. 허둥지둥할수록 손해다. 그리고 천천히 대응할수록 문제와 충돌하지 않는다. 그대 문제와 충돌하지 말라.

문제를 천천히 풀어나가는 사람이 되어라. 문제를 잘 풀어낼수록

그대의 인생은 오히려 더 빨라질 것이다.

05

무궁화호가
KTX 고속열차보다
좋은 점

설레었다. KTX 고속열차를 처음 탔을 때다. 속도감에 기뻤다. 전용 선로에서는 시속 300킬로미터로 질주했다. 내가 국책연구소에서 일할 때 3년 넘는 동안 거의 매주 KTX를 타고 대구와 대전을 오고 갔다. 돈이 아깝지 않았다. 두 도시가 옆 동네처럼 느끼게 해주는 것이 바로 한국 고속열차 KTX다. 한국이 자랑할만한 고속열차다. 외국으로 수출도 되었다고 한다.

KTX가 나오기 전까지는 새마을호가 가장 좋은 열차였다. 무궁화호는 요금은 싸지만 너무 느리다는 인식이 강했다. 그래서 가끔 서울을 오갈 때 새마을호를 타고 다녔던 기억이 난다. 시간이 흘러 KTX가 나오고 KTX에 적응된 생활을 한 지 어느 정도 되어서 가끔 출장을 갈 때 무궁화호를 타고 다녔다. 그때 알았다. 속도가 다가 아니라는 것을 말이다. KTX보다 무궁화호가 더 좋은 점이 있다는 것을 말이다. KTX는 워낙 빨리 지나가 버려서 먼 풍경이 아니고서는 볼라치면 쌩하고 지나가 버린다. 속도가 빨라서 좋기는 하지만 어디를 지나가는지도 스크린 화면을 보고 있지 않으면 알기도 어렵다. 그러다가 무궁화호를 탔을 때 여유로운 안락감을 느꼈다. 빨리만 가다가 천천히 달리니 무척이나 편했다. 도중에 잠도 충분히 잘 수 있었다. 역마다 서서 번거롭기는 하지만 많은 사람의 모습을 볼 수가 있었고 무엇보다 창 넘어 바깥 풍경을 천천히 음미하며 갈 수 있었다.

대학교에 다닐 때 시간에 매여서 살지 마라. 시간에 매여서 사는 사람은 무궁화호가 더 좋다고 말하지 않는다. 요금만 더 싸다고 치부해버리고 만다. KTX의 고속질주를 선호한다. 속도가 빠른 열차가 더 낫다고 생각한다. 그러고 보니 KTX를 330번 정도

탔는데 KTX에 대한 좋은 기억은 별로 없다. KTX를 타는 많은 사람에게서 받은 인상은 바빠 보이는 모습이었다. 오히려 얼마 타지 않은 무궁화호에 대한 기억이 따뜻하다. 그렇다고 KTX가 좋지 않다는 것은 아니다. 어떤 면에서는 버스를 타는 느낌 같았다. 자주 탔었기 때문이다. 생각해보라. KTX는 대구에서 대전까지 40분에서 50분 사이에 주파한다.

그대 대학교 때 시간 나면 무궁화호를 타고 여행을 해보라. 아마도 여행을 갈 때는 무궁화호가 더 나을 것이다. 열차 안에서 바깥 풍경을 즐기면서 때로 편히 자면서 갈 수도 있다. 대학교 때 무궁화호처럼 시간을 즐기면서 살기를 바란다. 돈 번다고 아르바이트만 하면서 시간을 빨리 흘려보내지 않으면 좋겠다.

시간은 인생의 큰 자산이다. 나는 수백 번 KTX를 타고 다녔고 수많은 시간을 아꼈지만 KTX에서는 그다지 추억을 만들지 못했다. 시간적인 여유가 적었기 때문일 것이다. 시간을 아끼는 것만 생각했기 때문이다. 왠지 무궁화호를 타는 것은 시간 소모처럼 느꼈던 것 같다. 그런데 지나보니 그렇지 않았다. 다시 간다면 아마도 무궁화호도 자주 이용할 것 같다.

　중요한 건 시간을 어떻게 보내느냐 하는 것이다. 시간을 아낀다고 시간 소모를 줄인다고 잘사는 것은 아니다. 오히려 숨 가쁘게 살아간다. 그렇게 살면 지친다. 그대 시간을 여유 있게 써라. 시간 아끼는 게 좋지 않다고 말하는 게 아니다. 오히려 다른 자투리 시간을 줄여서라도 때로는 버스를 타고 갈 거리를 걸어서 가보라. 훨씬 천천히 가겠지만 가는 도중에 많은 풍경을 볼 수 있고 많은 사람이 저마다의 삶을 살아가는 모습도 볼 수 있을 것이다.

　느리게 살아가는 것을 표방한 '슬로 시티'를 아는가? 빠르게 살아가고 또 빨리 가야지 잘하는 것처럼 보이는 시대에 반향을 주는 삶의 방식이다. 느리게 살아도 잘 갈 수 있다. 중요한 것은 제대로 잘 가는가이다.

　그대 속도에서 벗어나라. 때로는 늦잠을 즐겨보아라. 자주 늦잠을 자면 시간을 금이 아닌 은보다 못하게 만드는 것이지만 가끔은 늦잠을 자도 괜찮다. 당당하게 늦잠을 자라. 그리고 열정적으로 살아라. 되도록 다양한 경험을 해라. 속도는 답이 아니다. 빠른 것은 빨리 잊힌다. KTX를 타고 가보면 지나간 풍경에 대한 기억은 거의 없다. 잘 보이지 않기 때문이다. 하지만 느긋하게 여유 있게 살아가는 삶은 기억에 잘 남는다. 여유를 부리는 시간이 아깝다면 다른 시간을 줄여라. 그리고 여유 없이 살고 있다면 멈추어라. 그리고 그대가 어디쯤 서 있는지 돌아보라.

그대 시간을 제압하고 싶으면 아침을 노려라. 아침을 능동적으로 활용하라. 속도를 더하지 않고 여유를 확보하려면 시간을 확보해야 한다. 때로 늦잠을 청하더라도 아침의 주인이 되어라. 이른 아침에 일어나서 하루를 맞이하고 하루를 계획하라.

시간은 지금은 천천히 가는 것 같지만 지나가고 나면 빨리 지나버린 것처럼 느낀다. 그대의 10년 전을 생각해보라. 벌써 오늘날이 되었는가 싶다. 지나간 시간 앞에서 떳떳한 사람은 별로 없다. 그만큼 후회의 요소가 많기 때문이다. 시간 앞에서 여유롭게 살아라. 그것이 빠르게 살면서 시간을 아끼는 것보다 더 나은 방법이다.

06

브랜드와
포트폴리오를
만들어라

'애플.'

2013년 세계 기업 브랜드 가치 1위 기업이다. 코카콜라는 3위 마이크로소프트는 5위에 올랐다. 브랜드는 가치가 있다. 제품의 이름을 넘어서 신뢰감을 주고 뭔가 특별하다는 이미지를 갖게 해준다. 여자들이 명품 브랜드를 찾는 것은 우연한 일이 아니다. 그 브랜드 만으로 제품에 대한 설명은 정리가 된다. 하지만 브랜드를 개발하기는 쉽지 않다. 회사에서는 제품에 어울리는 브랜드를 개발하기 위해서 문구를 만들어내는 카피 라이터부터 마케팅 담당

자까지 많은 노력을 기울인다. 브랜드가 생겨나면 제품은 저절로 팔린다. 나중에 시간이 흘러도 소비자는 제품은 잊어도 브랜드는 기억한다.

그대 브랜드가 있는가? 자신만의 독특한 매력을 말해줄 수 있는 그런 이름을 가지고 있는가? 대부분 없을 것이다. 그렇다면 자신에 대해서 분석하고 연구하라. 대학교 때 자신에 대해서 잘 알아야 한다. 오히려 다른 사람이 그대에 대해 아는 것보다 더 잘 알아야 한다. 자신에 대해서 잘 알지 못하고서는 대학교를 졸업한 다음에 사회에 나가서 잘하기도 어렵다. 그리고 그대만의 브랜드를 만들어라. 그대의 이름이 곧 브랜드다. 남들과 다르게 생각한다는 독창적인 이미지, 열정적으로 노력하는 사람이라는 이미지가 그대의 이름과 함께 하면 브랜드가 된다.

대학교 때 브랜드를 빛나게 해줄 포트폴리오를 만들어보아라. 단순한 이력서보다 더 낫다. 이력서에는 개인 신상정보와 학력정보 그리고 자기소개서가 주를 이룬다. 식상하다. 하지만 포트폴리오를 활용하면 자신을 훨씬 다채롭게 꾸밀 수 있게 된다. 이력서에는 나타내기 어려운 그대만의 매력을 적어서 어필할 수 있다.

　자신을 대상으로 해서 포트폴리오를 만들어라. 그대의 이름은 그 포트폴리오의 브랜드가 된다. 그대가 인생에서 꿈꾸는 일에 대해서 포트폴리오를 만들어볼 수도 있다. 다섯 쪽 이내의 포트폴리오를 구성해서 보여줄 수 있다면 자신을 더 좋게 나타낼 수 있다. 포트폴리오를 만드는 것과 만들지 않는 것에는 차이가 크다. 나는 대학원에 다닐 때 포트폴리오를 만들어보았다. 매달 참석했었던 세미나와 포럼 그리고 워크숍 내용을 기록하고 대부분 자발적으로 참석했기 때문에 그때 손을 들고 질문했었던 사항들을 기록했다. 핵심은 질문에 있었다. 질문 한 가지를 하려면 공부하고 노력해야 한다. 연구력과 자발적인 노력을 나타내고 싶었다. 이런 포트폴리오는 자신을 적극 드러내는 데 효과적이다. 도전적이며 적극적으로 연구한다는 인상을 주기에 충분하다. 연구 포트폴리오를 만들어보라. 자신에 대해서 말이다.

　그대가 대학에 다니며 어떤 성적을 받았는지도 중요하지만 그에 못지않게 그대가 어떤 노력을 해왔는지도 중요하다. 노력한 내용을 센스 있게 드러낼 수 있는 자료가 바로 포트폴리오다. 한눈에 드러나게 PPT 파일로 만들 수도 있고 한글 파일로 작성할 수도 있으며 동영상으로 제작할 수도 있다.

디자인을 공부하는 사람에게 포트폴리오는 필수라는 것을 아는가? 자신이 어떤 디자인을 연습하고 개발했는지를 한눈에 보여줄 수 있는 포트폴리오 말이다. 열자마자 다른 사람의 마음을 사로잡을 수 있는 자신만의 독특한 디자인들을 준비해야 한다.

그대도 대학교 때 스펙을 넘어서는 매력적인 무언가를 준비하고 싶지 않은가? 그대만의 브랜드를 보여줄 수 있는 것으로 말이다. 대학교 때 무엇을 했는지 어떤 노력을 했는지 이력서에 나타내기에는 제한적이다. 자기소개서에 적기에도 한계가 있다. 글자 수를 제한하기 때문이다. 그리고 대개 자기소개서는 한 페이지를 넘지 않는 것이 보통이다. 포트폴리오 파일을 만들어서 관리하면 더 많은 노력을 효과적으로 할 수 있게 될 것이다. 그대가 어떤 노력을 했는지 다른 사람들은 알지 못한다. 보여주지 않으면 말이다.

그대만의 브랜드와 포트폴리오를 만들어라. 한글 파일을 열어서 그대에 관해서 기술하고 나열해보라. 매력적이어야 한다. 보통의 스펙으로는 취업의 관문을 쉽게 돌파하기 어렵다. 기업 담당자들을 만나러 면접에 갈 때에도 그대가 준비한 포트폴리오를 가지고 가라.

포트폴리오는 시간을 들여서 만들어야 한다. 그리고 대학교 4년 동안 한 일들을 담아라. 취업에 연관성이 있는 아르바이트 스토리를 담는 것도 좋다. 면접관들이 한눈에 그대의 매력을 느낄 수 있도록 포트폴리오를 디자인하라. 면접에서 유리한 고지를 선점할 수 있는 한 가지 방법이 바로 포트폴리오를 활용하는 방법이다. 나는 직접 만들었던 포트폴리오 파일을 면접에 활용하지는 않았지만 다른 사람에게 보여준 적이 있었는데 좋은 반응을 들을 수 있었다. 매달 가서 들었던 세미나 등의 강연회 참석과 질문 이력을 자신을 나타내는 기회로 만들었던 것이다. 생각해보라. 그대가 만약에 질문을 잘하는 사람이라면 취업해서도 그렇게 할 것이다. 회사에서는 그런 인재를 원한다. 질문을 잘하는 사람은 드물기 때문이다.

자신을 먼저 관찰하고 개선할 부분이 있는지 분석하며 시간을 두고서 연구하라. 그대의 인생을 연구하는 것이다. 그리고 그 내용을 포트폴리오에 담아라. 그 제품은 그대의 이름을 브랜드로 한다. 열정적으로 노력한 사람이라는 이미지를 만들어내라. 또는 남들과 다르다는 이미지를 한눈에 보여주어라.

07

좋아하는
일을 하면
더 행복하다

세계적인 호텔의 요리사가 되고 싶은 사람이 만약에 무역 회사에서 일하고 있다면 어떨까? 벗어나고 싶을 것이다. 집에 가서 요리 연습을 하고 싶을 것이다. 요리를 개발해보고 싶을 것이다. 일하는 내내 불행할 가능성이 높다. 일에 만족하지 못한다. 하루 이틀도 아니고 수십 년 동안 무역 일을 해야 한다는 것은 불행을 감내해야 하는 일이다.

그대는 어떻게 살고 싶은가? 대학에 다니는 4년 동안이면 그대의 인생 40년을 설계하기에 충분한 시간이다. 책도 읽고 여행도 가고 공부도 하면서 말이다. 그리고 많은 경험을 하면서 그대가 좋아하는 일이 무엇인지 무슨 일을 하면 좋을 것인지 찾아내야 한다. 그렇지 않으면 좋아하지도 않는 일을 하면서 앞으로의 40년 을 살아가야 할 것이다.

주변을 돌아보면 좋아하는 일을 하면서 사는 사람은 별로 없는 것 같다. 먹고살기 위해서 돈 벌기 위해서 일하는 사람이 99%가 아닐까 싶다. 그대는 다른 사람이 되어라. 가능한 일이다. 어딘가 에는 좋아하는 일을 하면서 사는 사람들이 있다. 그들과 같이 행 복을 추구하며 살아라. 그대가 잘 준비한다면 할 수 있다. 대학교 4년 동안 자신의 적성과 취미에 대해서 잘 생각해보고 직업을 선 택해야 한다. 좋아하는 일을 직업으로 선택할 수 있다면 만족할 수 있다. 만족하지 못하면 즐겁지 않은 일을 하면서 참아야 한다. 아주 오랫동안 말이다. 그렇게 살기보다는 그대가 가슴에 가지고 있는 꿈을 펼치는 삶을 살고 싶으면 하루라도 빨리 좋아하는 일 을 찾아 나서야 한다. 좋아하는 일을 꿈으로 만들어라. 그리고 꿈 꾸는 인생을 살아라.

좋아하는 일을 하면서 살면 더 행복하다. 일이 행복으로 연결되기 때문이다. 매일 일하면서 스트레스도 적게 받고 오히려 기쁨을 느끼게 될 것이다. 그대 앞으로의 40년을 놓고 어떻게 할 것인가? 적어도 앞으로의 20년은 일하면서 가야 한다. 너무나 소중한 인생이다. 한 번의 인생을 좋아하는 일을 하면서 살아야 하지 않을까? 그대가 좋아하는 일이 무엇인지 종이에 한 번 적어보라. 그리고 그 일을 하면서 살 수 있도록 노력하라.

대학을 다니는 동안 자신이 좋아하는 일이 무엇인지 찾은 사람은 시간적으로 여유가 있다. 좋아하는 일을 하면서 살 수 있도록 길을 찾으면 된다. 취업할 수도 있을 것이고 자영업을 선택할 수도 있다. 꽃을 매우 좋아하는 사람이라면 플로리스트가 되는 것이 좋다. 매일 꽃향기를 맡으면서 아름다운 꽃을 보면서 살 수 있어서 좋고 그런 좋은 꽃을 재배해서 사람들에게 선보이고 팔 수 있어서 더욱 좋다. 꽃을 관리하는 힘든 일도 수고스럽기보다는 즐거울 것이다. 요리를 무척 좋아하는 사람은 직접 자신이 개발한 요리를 만들며 손님들에게 선보이고 그렇게 만족을 누릴 수 있을 것이다.

　행복은 자주 찾아오지 않는다. 찾아와도 잠시뿐이다. 그래서 행복은 개척해야 한다. 그리고 행복하고 싶으면 좋아하는 일을 찾아야 한다. 그대만의 좋아하는 일을 찾아서 행복하게 살 수 있다면 성공한 것이다. 하기 싫은 일을 억지로 참으면서 해야 하는 것에 비하면 정말로 좋은 것이다. 억지로 참으면서 살면 행복이 아닌 불행이 찾아온다. 그대 좋아하는 일을 찾을 수 있도록 꿈꿀 수 있도록 다양하게 노력하라.

　평소에 좋아하던 일을 꿈꾸어라. 수영을 좋아한다면 수영 강사가 되어서 사는 것도 좋다. 나처럼 글을 쓸 때 즐겁다면 작가가 되는 것도 좋다. 좋아하는 일을 직업으로 만들어서 일도 하고 돈도 벌 수 있다면 행복한 삶이다. 그대가 좋아하는 일을 찾아야 한다. 그래야 행복하게 살 수 있다.

08

어제와
다른 오늘을
만드는 방법

독창적인 것은 어디에 가더라도 인정받는다. 다르게 생각하고 독특하게 행동하는 것은 눈에 띄게 마련이다. 두드러지기 때문이다. 그대 독창적인 사람이 되고 싶지 않은가? 취업할 때에도 독창성은 크게 인정받는다. 노력하는 사람은 많지만 독창적인 사람은 흔하지 않다. 독창성이 있으면 매력을 더 많이 어필할 수 있다.

그대의 오늘은 독창적이었는가? 어제와 비교해서 다른 것이 있는가? 아니면 별로 다르지 않고 내일도 오늘과 그다지 다르지 않을 것인가? 하루하루 살아가는 평범한 일상에 이 같은 질문을 던져보면 그대가 대학에 다니는 동안 독창적인 사람이 될지를 알아볼 수 있다.

하루에 새로운 생각을 한 가지씩 만들어보라. 그리고 그대로 행하라. 어제와 다른 새로운 일을 시도해보는 것이다. 기존의 틀에서 벗어난 행동을 해보는 것도 좋다. 나쁜 행동을 제외하고서 말이다. 새로운 일을 시도하면 할수록 그대는 새로운 것에 익숙해질 것이다. 이는 그리 어렵지 않다. 하루에 한 가지면 된다. 예를 들어서 어제는 버스를 타고 학교에 갔다면 오늘은 자전거를 타고 학교에 가보라. 시간은 더 걸리겠지만 새로운 일을 시도했다는 자체에서 즐거움을 느낄 수 있다.

늘 하던 대로만 하면 인생도 늘 살던 대로만 살게 된다. 그 패턴에서 벗어나지 못하는 것이다. 그러면 발전이 없다. 삶은 나아지지 않는다. 내일도 어차피 오늘과 별로 다르지 않을 것인데 그래서 기대되지 않는다. 즐거운 삶이 아니다. 하루에 한 가지씩 하는 새로운 시도는 삶에 활력소가 될 것이다. 그리고 점차 기존의 것과 다르게 보는 패러다임을 가지게 될 것이다. 바로 그것이다.

새롭게 보는 패러다임을 가지고 있으면 그대는 다른 사람들과 다른 경로를 따라서 인생을 살 수 있다. 다른 사람들이 대학교 졸업반이 되었을 때 취업을 준비하지만 그대 다르게 볼 수 있다면 기회를 앞당겨서 졸업반이 되기 전에 다른 여러 곳에 취업을 시도해보라. 그러면 취업 시즌이 되어서 조바심 내지 않아도 될 것이다. 취업을 하고 대학에 다니며 공부할 수도 있는 일이다. 생각하기 나름이다.

대개는 삶의 리듬을 바꾸기가 어렵다. 관성이 있기 때문이다. 살았던 대로 사는 것이 편하기 때문이다. 하지만 점차 타성과 관성에서 벗어나라. 오히려 신선하고 의미 있을 것이다. 삶에는 변화가 있어야 한다. 그래야 단조롭지 않다. 변화한다는 것은 어떤 의미에서는 진보한다는 것이다. 그대의 삶이 과거에서 현재로 그리고 현재에서 마음에서 그리고 있는 미래로 진보하게 하라.

어제와 다른 오늘이 쌓일수록 그대의 대학생활은 독창성과 함께 다양하게 보는 힘이 생길 것이다. 한 가지만 고집하지 않고 다양하게 포용하는 힘이다. 자신의 의향과 달라도 존중할 수 있게 된다. 다른 것이 새롭게 와 닿기 때문이다. 타인에게서도 새로운 것을 찾으려고 노력할 것이다.

오늘부터 시도해보라. 대학생활이 새로워질 것이다. 하루를 대하는 삶의 태도가 달라질 것이다. 취업이 막연하기보다는 새로운 과정으로 여겨지고 기회로 와 닿을 것이다. 새로운 것을 만들어낼 수 있는 사람이면 인재라고 할 수 있다. 회사도 인재를 원한다. 어디에서나 독창적인 인재를 선호한다. 하지만 실제로 독창적인 인재를 찾기는 어렵다. 그리고 알아보기도 어렵다.

그대 하루에 한 가지 새로운 생각으로 삶을 길들여서 독창성을 높여라. 그리고 그 독창성을 면접관 앞에서 어필하라. 자기소개서 또는 포트폴리오와 함께 준비하는 것도 좋다. 새로운 것에 익숙한 사람에게 변화는 기회가 되지만 기존의 것에 익숙한 사람에게는 변화가 위험이다. 새로운 과정을 받아들일 준비도 되어 있지 않고 대비도 되어 있지 않기 때문이다.

노트북을 생각해보자. 내가 지금까지 사용하고 있는 제품은 직사각형이다. 그런데 왜 10년 넘도록 보아온 모든 노트북은 직사각형일까? 동그란 원형 모양으로 디자인하면 되지 않을까? 새롭게 생각한 것이다. 기술적으로 구현이 가능할 것이다. 그리고 원형의 노트북이 출시된다면 훨씬 새로운 느낌으로 와 닿을 것이다.

그대가 달라지지 않는다면 미래는 변하지 않는다. 오늘에 머물게 된다. 하지만 그대가 하루에 한 가지씩 삶에 변화를 일으킨다면 미래는 달라진다. 새로운 미래를 맞게 될 것이다. 하루에 새로운 생각을 할 수 있도록 연습하라. 그런 연습이 익숙해지면 그대는 삶이 지루하지 않을 것이다. 삶이 재미있어지고 기대될 것이다.

오늘 만나는 사람들과 인사부터 바꾸어보라. 상투적인 인사에서 친근함을 주는 인사로 변화시켜보라. 그대가 하기에 따라서 인간관계도 달라질 것이다. 사람들에게 새롭게 와 닿는 사람은 매력이 있다. 그런 새로움으로 그대의 대학생활을 독창적으로 만들어라. 그리고 어필하라. 그대가 원하는 새로운 미래를 살게 될 것이다.

09

회사에서
능력 있는 사람이
되는 방법

강연회에 가보라. 사회에서 저명한 사람들을 강사로 초청한 강연 말이다. 대기업 사장에서부터 올림픽 마라톤 금메달리스트까지 한 마디로 성공한 사람들이다. 그대 그런 사람들이 대학교에 찾아와서 강연할 때 찾아가 들어볼 필요가 있다. 그들이 무슨 말을 하는지 들어두면 살아가는 데 좋다. 능력 있는 사람이 될 수 있다.

기업에 취업해서 일할 때 어떻게 하면 능력 있는 사람이 될 수 있을까? 그대 능력 있는 사람이 되고 싶지 않은가? 능력 있는 사람은 멋있다. 나는 국책연구소에서 일하던 중에 그런 말을 두 번 직접 들어보았다. 대학생 때부터 어떻게 하면 회사에 가서 능력 있는 사람이 될 수 있는지 미리 알아두면 이후에 회사 생활을 할 때 도움이 된다. 그리고 이는 대학에 다닐 때부터 미리 연습하는 것이 좋다.

강의에서 나오는 과제 리포트에 정성을 다하라. 그대가 노력한 만큼 점수를 받게 될 것이다. 그리고 그대의 힘으로 리포트를 하되 미리 처리하라. 회사에 가면 많은 사람이 있다. 그리고 한 사람에 대한 인상은 한 3주일 정도 되면 정해지는 것 같다. 사람들은 일 못하는 사람을 싫어한다. 가까이하려고 하지 않는다. 하지만 어떤 사람이 할당받은 업무를 사전에 미리미리 처리해주면 그 업무와 관련해서 함께 일하는 사람은 정말로 편해진다. 시간이 지나면 일을 빨리 처리해달라고 요구받을 필요도 없어지고 일이 자동으로 처리되는 효과를 주므로 다른 사람들로부터 인정받게 된다.

그대 대학에서 과제를 할 때 시간에 쫓기기 전에 과제를 받자마자 진행하는 것이 좋다. 그러면 과제를 하는 데 쓰는 시간을 많이 확보할 수 있다. 과제를 하지 못해서 시간을 연장해달라거나 하는 말을 할 필요도 없어진다. 일을 늦게 처리하면 그만큼 이미지가 나빠진다. 회사에서 일을 미리 처리하는 것이야말로 능력 있는 사람이 되는 방법 중 핵심이다.

또한 회사에서는 일이 단계적으로 처리되기 때문에 팀장 그리고 부장의 검토 및 확인 단계를 거치게 된다. 처음에 일할 때는 실수할 수 있다. 하지만 반복해서는 안 된다. 그리고 자신이 일을 잘했더라도 다른 사람이 보기에는 서툴러 보일 수 있다. 그래서 자신과 다른 사람의 관점과 스타일을 이해해야 한다. 대체로 다른 사람의 관점을 존중하지 않은 채로 일하기 시작하면 좋은 반응을 얻기 어렵고, 한 번에 처리할 수 있는 일이 두 번 세 번 왔다갔다 해야 하는 등 어려워진다. 그러면 시간 손실이 크다. 일도 힘들어진다.

그대 대학교 때 과제 리포트를 처리할 때 적극 수행하되 가능하면 강의 담당 교수의 스타일도 반영하라. 어떤 교수는 리포트 디자인을 너무 화려하게 하는 것을 싫어할 수도 있다. 반대로 어떤 교수는 과제 리포트 표면에 예쁜 그림을 넣어서 화사하게 만들어 제출해야 좋게 평가해주기도 한다.

자신의 스타일뿐만 아니라 다른 사람들의 스타일을 잘 알아야 한다. 그러면 마찰을 줄일 수 있다. 일을 한 번에 시원하게 처리할 수 있어서 좋은 인상을 주게 된다. 자연히 일 잘하는 사람이라는 인상을 주게 된다.

과제 리포트는 대체로 연구 조사이거나 분석 또는 문제 풀이인 경우가 대다수다. 리포트를 작성할 때 그대만의 독창적인 분석을 첨가하는 것이 좋다. 처음에는 쉽지 않지만 시간을 들여서 여러 각도로 주어진 과제를 대하다 보면 그대만의 시각을 가지고 분석해낼 수 있다. 회사에 가서도 업무를 처리할 때 그대가 발견한 독특한 고찰이 첨가되면 그대는 업무 능력이 뛰어난 사람으로 비칠 가능성이 높다. 한 번 처리하는 일이다. 한 번에 제대로 처리해내는 것이 중요하다. 주어지는 일을 귀찮게 여기기보다 기회로 보고 적극 대응하는 것이 훨씬 열매가 많다. 그렇게 하다 보면 그대의 노력이 쌓여서 함께 일하는 팀원 사이에서는 점차 능력 있는 사람이 되어 가고 어떤 사람들은 그대에게 도움을 요청하기도 할 것이다.

대학교에서 과제 리포트를 할 때에도 마찬가지다. 여러 사람이 함께 조를 구성해서 과제를 수행해야 할 때 뒤로 물러나 있지 말고 앞에 나서서 적극 수행하라. 그리고 좋은 자료를 확보해서 함께 공유하라. 그대의 노력으로 팀원들의 역량을 끌어올려라. 그러다 보면 그대에게 "저 사람은 맡은 일을 적극적으로 하는 사람이야!" 하는 말이 들릴 것이다.

나는 주어진 기한이 되었는데도 일을 처리하지 못해서 그냥 얼버무리는 사람을 가끔 보았다. 그럴 때 사람들은 그런 사람과 같이 일하기 싫어한다. 누군가 시켜야 일하는 사람은 되지 말라. 만약에 그대에게 100에 해당하는 일을 주었을 때 그대 그 일을 적어도 120으로 해내라. 주어진 것보다 약간 더 잘하는 것이다. 가능하다. 많이 노력하고 그대만의 독창적인 방법과 분석을 추가하고 다른 사람들의 다양한 스타일을 적합하게 반영해서 주어진 기한 내에 미리 처리해서 전해주면 된다. 사실 이 정도도 쉬운 일이 아니다. 하지만 더 많은 노력을 들여서 그대가 그렇게 해낼 수 있다면 회사에서의 입지는 더 탄탄해지게 된다. 능력 있는 사람이 되는 것이다.

100이 주어졌을 때 120을 처리해내는 사람이라면 충분히 능력 있는 사람이다. 대학교를 졸업하고 취업에 나설 때 그대 자기소개서에 회사가 그대에게 100을 요구한다면 그대는 120을 주려고 노력하는 사람이라는 모습을 나타내고 어필하라. 그리고 회사에 들어가서 실제로 그렇게 하라. 그러면 능력 있는 사람이 될 것이다.

대학에서 공부할 때부터 능력 있는 사람이 되어라. 누가 시키지 않아도 자발적으로 공부하고 조사하고 연구해보라. 시간 아까운 일이 될 수도 있지만 기회는 누가 찾아와서 거저 주지 않는다. 그대가 기회를 개척해나가는 것이다. 그런 것들을 취업 때 잘 활용해보라.

10

심장은
하루에
10만 번씩이나 뛴다

하루에 10만 번씩이나 뛰는 기관이 있다. 엄청난 횟수다. 몸 안에 있다. 무엇일까? 한 번 뛸 때마다 산소를 담은 혈액을 혈관으로 힘차게 뿜어낸다. 바로 심장이다. 그대 느껴지는가?

심장의 평균 박동수를 분당 70회로 생각하면 하루 동안 10만 번 넘게 나온다. 심장은 그렇게 매일 힘차게 뛰고 있다. 대학에 다니는 동안 그대의 마음도 심장처럼 매일 그렇게 뛰고 있는가? 그대의 삶도 힘차게 뛰고 있는가? 이제 그대의 가슴에 손을 얹어보

라. 그리고 심장 박동을 느껴보라. 살아있음을 느낄 수 있다. 살아있다는 것을 그렇게 힘차게 뛰는 것이다. 하지만 대부분 인생은 그렇지 않다. 지루하게 느껴질 때도 있고 오늘 하루가 무의미하게 지나갈 때도 잦으며 내일이 기다려지지 않기도 한다. 삶이 그냥 흘러가는 것이다. 반복되는 일상에 익숙해지는 것이다. 더 이상 가슴이 뛰지 않는 삶이다.

좋아하는 여자를 만나면 설레고 가슴이 뛰기 시작한다. 마음에서 뜨거운 에너지가 솟아나고 즐겁고 기쁜 감정이 생겨난다. 얼굴에서는 희색이 돌고 온 세상을 얻은듯한 기분이 된다. 좋아하는 사람을 보는 자체로 그렇게 좋은 것이다. 마찬가지로 좋아하는 일을 찾게 되면 그렇게 즐겁고 가슴이 뛰기 시작한다. 그대의 삶을 뛰게 하려면 가슴이 뛰는 일을 찾아야 한다. 대학교 때 어떤 일이 그대의 가슴을 뛰게 하는지 알아내야 한다.

하기 싫은 데 억지로 그리는 그림과 하고 싶어서 설레는 마음으로 그리는 그림은 차원이 다르다. 처음에는 수준이 별반 다르지 않을 것이다. 서툴기 때문이다. 하지만 시간이 지날수록 하고 싶어서 엄청난 시간을 쏟아붓는 사람이 하기 싫은 데 억지로 그리는 사람보다 더 나아질 것은 분명하다. 노력하는 자체가 힘들기보다 기쁘기 때문이다. 수십 년 후에는 어떻게 될까? 다른 사람들이 따라오지 못하는 자신만의 그림 세계를 구축하지 않을까? 그런 화가는 작품을 통해 자신을 말할 수 있게 된다.

좋은 배우는 자신을 잊고 배역에 몰입할 수 있어야 한다. 연기를 통해서 사는 것이다. 배우는 연기로 말할 수 있어야 한다. 그런데 억지로 돈을 벌기 위해서 하는 연기는 티가 나게 마련이다. 왠지 모르게 어색하거나 드라마와 조화가 잘 맞지 않는 것이다. 연기만 하고 돈만 받으면 되기 때문이다. 하지만 연기할 때 가슴이 설레고 살아있는 것을 느끼는 배우는 남들이 쉽게 따라 하지 못하는 배역의 인물을 생동감 있게 만들어낸다. 드라마를 살게 하고 나아가 다른 연기자에게도 에너지를 전해주며 시너지 효과를 낸다. 시청자는 때로 배우와 그 배우가 연기한 배역의 인물을 혼동하기도 하며 기쁨과 슬픔을 느낀다. 가슴이 뛰는 일을 하게 되면 그대의 설레는 노력 덕분에 그대가 하는 일 또한 살게 된다.

가슴이 뛰는 일을 찾아야 한다. 남들보다 더 나은 인생이 아니라 한 번의 인생에서 결코 놓칠 수 없는 일을 잡아야 한다. 다른 사람들보다 더 낫게 보이는 삶은 오래가지 않는다. 왜인지 아는가? 빛이 강하게 드리울수록 그림자도 짙게 드리우기 때문이다. 많은 사람의 선망을 받으며 인기를 먹고 사는 연예인들은 실은 힘들어할 때가 많다. 인기가 있는 순간에도 인기를 잃을까 봐 불안해하기도 한다. 정상의 자리를 지키기 어렵기 때문이고 주변의 기대에 억눌리기 때문이다. 일을 하면서 연기를 하면서 노래를 부르면서 춤을 추면서 오히려 자신을 잃어간다. 돈과 인기를 제외하고서 하고 있는 일만을 놓고 직시할 때 가슴이 뛰는가? 가슴이 뛰지 않는다면 그 일은 그대를 지치게 만들 것이다. 얼마 가지 않아서 그대의 열정은 소진되고 만다.

가슴이 뛰는 일을 하게 되면 숙련성이 고도로 높아지게 된다. 단순하게 일을 하는 기술과 실력이다. 좋아하는 일인만큼 마음에서 손에서 놓지 않으며 그 일만 생각하게 된다. 밥만 먹고 그 일만 하는 것이다. 그렇게 하다 보면 좋은 의미에서 미치는 수준에 이를 수 있게 된다. 레오나르도 다 빈치나 파블로 피카소와 같은 사람이 될 수 있을 뿐만 아니라 나아가 넘을 수도 있다. 자신이 가진 온 힘을 쏟아부으려면 의지만으로는 한계가 있다. 그 일 자체에서 매력을 느껴야 한다. 좋아하는 일에서 매력을 느낀다면 힘든 순간이 왔을 때도 주저앉지 않고 계속 지속할 수 있을 뿐만 아니라 어려움이 닥쳐도 오히려 이를 수작을 만들어내는 기회로 승화시킨다. 반대로 아무런 매력도 느끼지 못하는 일을 한다면 힘든 순간이 왔을 때 도저히 앞이 보이지 않는 난관을 만났을 때 그만두고 싶어진다. 더 이상 지속할 힘을 잃게 된다.

대학에 다닐 때 어떻게 하면 가슴이 뛰는 일을 찾을 수 있을까? 남자가 여자를 보고 좋아할 때 머리로 생각해서 좋아하는 게 아니다. 가장 이성적인 것을 고르는 일이 아니다. 마음에서 끌리기 때문에 좋아하는 것이다. 그래서 가슴이 뛰는 것이다. 어떻게 보면 비이성적이다. 그대가 만약에 논리적으로, 이성적으로 가슴이 뛰는 일을 찾으려 한다면 아마도 찾기 어려울 것이다.

좋아한다는 것은 감성적인 것이다. 주변의 잣대와 시선을 제쳐놓고, 얼마만큼의 돈을 벌고 싶다는 경제적인 기준도 제외하고 즐거웠던 기억을 떠올려보라. 외적인 기준보다 내적인 기준으로 보아야 한다. 예를 들어 세계를 여행하는 일이었을 수도 있다. 유럽을 여행하며 잊지 못할 추억과 함께 여행하는 자체에서 매력과 기쁨을 느꼈다면 여행 가이드가 되는 것이 가슴이 뛰는 일이 될 수도 있다. 세계의 여러 나라를 여행하며 많은 사람에게 각 지역의 특색 있는 정보도 알려주며 즐거움을 누릴 것이다. 또는 캐나다에 있는 초고층 높이의 CN 타워에 가서 고층 건축물의 매력에 빠져들었던 일이 될 수도 있다. 그렇다면 여러 다양한 건축물을 탐사하며 건축을 공부해서 새로운 유형의 고층 건물을 설계하고 지어서, 많은 사람을 즐겁게 해주는 일이 될 수도 있다. 자신이 직접 설계한 건물을 볼 때마다 흐뭇하고 기쁠 것이다.

지난 추억에서 그렇게 매력적이었거나 즐거웠던 순간이 별로 없다면 다양한 경험을 해보는 것도 가슴이 뛰는 일을 찾는 좋은 방법이다. 평소에 가지 않았던 모임에 가보기도 하고 전시회에 가서 미술 작품 관람도 해보며 또는 관심이 있는 외국어를 공부해본다든지 새로운 일을 시도해보는 것이다. 평소와 다른 다양한 경험을 통해서 독특한 매력을 느끼는 일을 찾을 수 있을 것이다.

사람은 누구나 살면서 선택을 한다. 하고 싶은 일과 할 수 있는 일 사이에서 선택해야 하고, 할 수 있는 일 중에서도 잘하지 못하는 일과 잘하는 일 사이에서 선택해야 한다. 인생에서 잘되기를 바란다면 잘할 수 있는 일을 선택해야 한다는 것을 알 수 있다. 하지만 오래도록 즐겁게 살려면, 매일 반복되는 일상 속에서도 설레며 기쁘게 살려면 가슴이 뛰는 일을 찾아야 한다. 그대가 만일 가슴이 뛰는 일을 하고 있다면 그대는 이미 가슴이 뛰는 일을 한다는 자체만으로 축복받은 것이다.

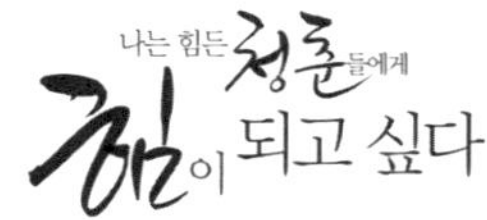

펴 낸 날   2014년 02월 17일

지 은 이   신영일
펴 낸 이   최지숙
편집주간   이기성
기획편집   윤은지, 정연희, 윤정현, 이윤숙, 김송진
표지디자인   신성일
펴 낸 곳   도서출판 생각나눔
출판등록   제 2008-000008호
주   소   경기도 고양시 화정동 903-1번지, 한마음프라자 402호
전   화   031-964-2700
팩   스   031-964-2774
홈페이지   www.생각나눔.kr
이 메 일   webmaster@think-book.com

• 책값은 표지 뒷면에 표기되어 있습니다.
   ISBN 978-89-6489-253-4   13190

• 이 도서의 국립중앙도서관 출판시도서목록(CIP)은 e-CIP홈페이지(http://www.nl.go.kr/ecip)와
   국가자료공동목록시스템(http://www.nl.go.kr/kolisnet)에서 이용하실 수 있습니다.
   (CIP제어번호: CIP2014000334)